더불어 사는 세상이

더불어 행복한 세상입니다

변호사 김양홍의
행복한 동행 3

추천사

더 행복해지시고
주님께 가까이 다가서기를

항상 틈 날 때마다 좋은 글귀를 보면 메모하고, 심지어는 주변 사람들의 말속에서도 삶의 지혜를 발견하는 모습에 남편이지만 감동 받습니다.

글을 쓰며 행복해하고 본인의 글처럼 항상 감사하고 긍정적인 모습을 보면서 같이 사는 사람으로서 참 도전이 되고 부러울 때가 많습니다. 이런 사람의 곁에 있을 수 있다는 것에 하나님께 감사하고 행복합니다.

이번 3번째로 출간하게 되는 책을 읽다보니 마음이 따뜻해지고 감사하는 마음을 갖게 됩니다. 또한 매 글마다 마지막에 있는 성경 말씀을 통해 더 그 글의 지혜를 성경적으로 바라보게 됩니다.

이 책을 통해 많은 분들이 삶이 더 행복해지시고 주님께 가까이 다가서는 시간이 되실 거라고 믿습니다.

2018년 2월 마지막 날
김양홍의 아내 나주옥

■ 추천사

어머니의 자장가와 따뜻한 베개 같은 책

매일 아침 자식들을 위해 포옹하며 기도를 해주시는 아버지. 그 짧은 순간의 포근함과 사랑을 이 책을 읽으면서 느꼈습니다.

잠시 나라는 공간 속에서 편히 잠들고 싶을 때 이 책을 읽으면 글귀 하나하나가 어머니의 자장가처럼 독자 여러분들에게 따뜻한 베개가 되어 드릴 것입니다.

2018년 3월 2일
김양홍의 딸 은혜

추천사 ■

생생한 삶의 향기

힘들어하신 적은 있어도 절망하지 않으시는 아버지가 쓰신 책입니다.

항상 긍정을 말하시고, 언제나 주변 사람들을 축복하시는 당신의 인생과 삶에 대한 성찰을 담은 책!

이 책에 담긴 생생한 삶의 향기를 느끼시기 바랍니다.

2018년 2월 26일
김양홍의 아들 은철

■ 머리말

선비는 자기를
알아주는 사람을 위해 죽는다

더욱 더 감사하는 마음으로 이 글을 씁니다. '士爲知己者死(사위지기자사), 女爲悅己者容(여위열기자용)' 이라는 말이 있습니다.
 '선비는 자기를 알아주는 사람을 위해 죽고, 여자는 자기를 기쁘게 해주는 사람을 위해 단장을 한다' 는 뜻입니다. 저의 아내와 딸, 아들의 이 책 추천사를 받고 나서 받는 느낌입니다. 한 없이 부족한 남편이고, 부족하고 부족한 아버지가 분명함에도 아내와 딸, 아들은 저를 인정해주고 사랑하고 있음에 감사합니다. 저의 남은 생애 아내와 딸, 아들에게 부끄럽지 않은 사람이 되도록 마음과 뜻을 다하고 싶습니다.

"죽기 전에 수필집은 꼭 쓰라" 는 김홍신 선생님의 가르침대로 2016년 '행복한 동행' 을 출간한 이후 2017년 '행복한 동행2' 을 출간하고, 올 해 다시 '행복한 동행3' 를 출간하게 되어 참 기쁩니다. 지금 마음으로는 죽기 전까지 매년 수필집을 한 권씩 출간하고 싶습니다.

이 책은 제1편 삶과 지혜, 제2편 삶을 아름답게 하는 것들, 제3편 주님과 동행, 제4편 이런 저런 이야기로 구성되어 있는데, 행복한 동행1,2와

머리말

달리 '제3편 주님과 동행' 편이 추가되어 있습니다. 지난 한 해 동안 저의 삶과 생각을 담았습니다.

먼저 저에게 큰 가르침을 주신 이 시대의 참 스승 김홍신 선생님과 감동적인 추천사를 써 준 아내 나주옥, 딸 은혜, 아들 은철에게 큰 감사의 마음을 전합니다. 또한 참 부족한 저의 책을 계속 출간해 주신 모리슨 출판사 박영선 이사장님과 최순환 목사님, 당신의 작품사진을 흔쾌히 사용하게 해주신 이희규 선생님, 교정을 도와 준 저의 여동생 김미아 동화작가, 사랑하는 부모형제, 박정수 담임목사님을 비롯한 이수성결교회 성도 여러분, 저의 분신 법무법인 서호 가족 그리고 저를 알고 있는 모든 분들에게 깊이 고개 숙여 사랑과 감사를 드립니다.

미국의 유명한 정신분석학자인 디어도어 루빈은 '행복은 입맞춤과 같다. 행복을 얻기 위해서는 누군가에게 행복을 주어야만 한다.'고 했습니다. 자신을 위해서만 찾는 행복은 반쪽 행복입니다. 이웃의 행복이 곧 나의 행복이 되길 소망합니다. 그렇게 더불어 행복한 세상이 진짜 행복한 세상입니다. 저의 삶의 주인 되신 하나님께 이 모든 영광을 올립니다

2018년 3월 3일 새벽
사랑하는 우리 조국 대한민국 하늘 아래에서
변호사 김양홍 올림

■ 차례

추천사 … 3
머리글 … 6

제1편 삶과 지혜

행복의 세 가지 조건 … 16
행복해지는 과학적 방법 있다 … 18
엘렌 랭어의 시계 거꾸로 돌리기 연구 … 21
숙제하듯 살지 말고 축제하듯 살자 … 23
잘 살아라 … 25
제3의 공간 … 27
마요네즈통과 커피 두 잔 … 29
즐거움은 언제나 지금 여기에 있다 … 31
좋은 선택 … 33
세상에 노력하지 않아도 되는 일은 없다 … 35
인생의 오리나무 … 36
자기 자신을 전우라 생각하자 … 39
이해한다 … 40
큰 꿈이든 작은 꿈이든 가져보자 … 42
잘하면 박수, 잘못하면 더 박수 … 44
사슴은 먹이를 발견하면 무리를 불러 모은다 … 47
프로크루스테스의 침대(Procrustean bed) … 48
오늘은 무슨 유익한 질문을 했니? … 49
램프증후군(Lamp Syndrome) … 50
버큰헤드호를 기억하라(Remember Birkenhead) … 52
법지위도전고이장리(法之爲道前苦而長利) .. 54
연꽃은 진흙탕에서 자라지만 진흙에 물들지 않는다 … 55
바가지를 거꾸로 들지 말자 … 57
조고각하(照顧脚下) … 59
상선약수(上善若水) … 61

제2편 삶을 아름답게 하는 것들

나도 옷걸이다 …64
공은 공이다 …65
무언가를 하면 할수록 늘게 된다 …67
우리 서로 축복의 통로가 되자 …68
앵무새만큼은 하고 살자 …69
오늘 하루도 끝나지 않았어…71
행복은 우리 가까이에 있다 …74
사랑은 몸에 좋다 …75
봄은 제비꽃 아는 사람을 기억한다 …77
꽃과 나무의 만남 …80
사람이 먼저다…82
달빛기도 …86
오늘 또 가지 않을 수 없던 길 …88
임을 위한 행진곡 …90
기꺼이 거름이 되어 주자 …92
내 인생은 나의 것 …94
Bravo my life …98
이화동 벽화마을 …101
영화 '노무현입니다' …103
영화 '판도라'와 하승수 변호사의 탈핵 강의 …105
영화 '군함도' …117
영화 '택시운전사' …120
뮤지컬영화 '미녀와 야수' …124
연극 '선녀씨 이야기' …126
스스로 아연이 된 사람들…128

■ 차례

제3편 주님과 동행

아버지가 살아야 가정이 산다 … 134
하나님의 입이 되어 살아가라 … 137
동행, 동행, 동행 그리고 동행 … 138
겸손하라 때가 되면 너희를 높이시리라 … 140
오늘도 행복해 주세요 … 142
하나님은 콜택시가 아니다 … 144
하나님 제일주의 … 146
서로가 서로의 종이 되어야 한다 … 147
GOOD-GOD=0, 0+GOD=GOOD … 149
심장은 생을 마감할 때까지 뛴다 … 151
뱀을 멀리 하라 … 152
탐심은 우상숭배이다 … 153
얼굴의 의미 … 154
양(羊)의 특성 … 156
가상칠언(架上七言) … 161
하쿠나 마타타(Hakuna Matata) … 167
앨버트로스(Albatross) … 169
슬프게 행복한 길을 걷는다 … 172
어리석은 사람은 어떤 사람이냐 … 176
나는 무엇을 품고 사는가 … 179
꿀벌 같은 사람 … 181
정답은 답이 아니다 … 184
창작뮤지컬 '모세스(MOSES)' … 186
이수성결교회 임직감사예배 김양홍 답사 … 188
김양홍 추도사 … 191

차례

제4편 이런 저런 이야기

나의 버킷 리스트(bucket list) ... 194
존경하는 서방님과 사랑하는 아내 나주옥 ... 196
전복 한 개의 기쁨 ... 198
나부터 철들자 ... 199
덕업일치(德業一致) ... 201
자식을 타인처럼 취급해라 ... 202
각서와 특약사항 그리고 확인서 ... 204
얼른 할아버지가 되고 싶다 ... 208
오늘 수능일이다 ... 209
공기밥 하나 더 ... 210
오늘이 행복해야 내일이 행복하다 ... 211
아픔을 나눌 수 있는 관계가 진짜 사람관계이다 ... 212
사람과 물고기는 비슷하다 ... 214
꽃도 산이다 ... 216
이웃 봉사는 나랏일이다 ... 217
결혼과 이혼 그리고 재혼 ... 218
비는 그치게 되어 있다 ... 220
무한도전 ... 221
골프공을 소중히 해라 ... 222
아버지들의 놀이터 ... 224
분모인생과 분자인생 ... 227
여행자클럽 ... 228
문래예술공장 ... 230
세상 이치는 시험 문제를 푸는 것과 같다 ... 232
가장 중요하다고 생각되는 문제는 무엇이고, 그 이유는? ... 234

■차례

Don't be evil ... 237
피청구인 대통령 박근혜를 파면한다 ... 238
2017년을 보내면서 ... 240
반드시 밀물은 오리라 ... 241
7박 8일 인도여행기 ... 244

변호사 김양홍의
행복한 동행 3

제1편
삶과 지혜

01 행복의 세가지 조건

독일의 철학자 칸트(Immanel kant)는
'할 일이 있고, 사랑하는 사람이 있고,
희망이 있다면, 그 사람은 지금 행복한 사람이다.' 라고 했다.

행복하기 위해서는 세 가지 모두가 필요한 것 같다.
그런데, 굳이 하나를 빼야 한다고 한다면,
나는 '할 일이 있을 것' 을 빼고 싶다.
할 일이 없더라도 사랑하는 사람이 있고,
희망이 있다면 행복한 사람 아닐까?

만약 나머지 두 가지 중 하나를 더 빼야 한다고 한다면
당신은 어느 것을 빼고 싶은가?
사랑하는 사람이 없어도 불행할 것 같고,
희망이 없어도 불행할 것 같다.
그렇지만 불가피하게 하나를 더 빼야 한다면,
나는 희망을 빼겠다.

사랑하는 사람만 있다면,
비록 희망이 없더라도 견딜 수 있지 않을까?
사랑하는 사람이 없다면,
그는 완전히 불행한 사람이다.

그러므로 우리는 누군가의 사랑이 되어야 한다.
그러므로 우리는 누군가를 사랑해야 한다.
그렇게 사랑하고, 사랑받는 것은
우리가 인생을 살아가는 이유이다.
사랑하는 사람만 있어도 그는 행복한 사람이다.

02 행복해지는 과학적 방법 있다

'행복해지는 방법은 있다.' 최근 미국에서 심리학자들이 과학적 연구를 통해 얻어가는 결론이다. 펜실베이니아대학의 마틴 셀리그먼 교수팀이 실시하는 '매일 세 가지 좋은 일 생각하기' 실험은 그 한 예다. 실험에 참여한 동기부여 강사 캐럴라인 애덤스 밀러(44)는 매일 밤 그날 일어난 좋은 일 세 가지를 생각하며 왜 그것이 일어났는지를 분석했다. 이렇게 날마다 실험에 참여하면서 그는 스스로 놀라운 결과를 발견했다. 실제 행복감이 증진되는 효과를 느끼게 된 것이다. 그는 이제 매일 밤 아주 사소한 것이라도 10~20가지의 좋은 일을 생각하게 됐다. 연구팀은 또 참가자들이 자신의 장점 다섯 가지를 찾아내게 한 뒤 1주일 동안 매일 새로운 방법으로 이를 실천하도록 했다. 유머 감각이나 호기심, 배움에 대한 열망 등 자신의 장점을 직접 행동으로 옮기도록 한 것이다. 셀리그먼 연구팀은 500명 이상을 대상으로 이 두 가지 훈련을 6개월 동안 실시한 결과 참가자들의 행복감이 증진하고, 우울감이 감소하는 것을 계량적으로 측정할 수 있었다는 결론을 맺었다고 AP 통신은 최근 보도했다.

- 한겨레신문 2016. 12. 8자 기사 일부 -

'애꾸눈은 장님을 만났을 때 비로소 하나님께 감사드린다.'
나이지리아 속담이라고 한다.
내가 섬기는 이수성결교회에 노숙자 한 분이
가끔 주일예배도 드리고, 점심식사도 하고 가신다.
그 분과 나를 비교해서 행복을 느끼는 것 자체가 너무 미안하지만,
그 분에 비해 나는 너무 행복한 사람이다.
식사 시간에 말 상대밖에 되어주지 못해
늘 미안하고 미안한 마음뿐이다.
나도 길가에 풀이 부러울 때가 있었고,
여전히 지금도 근심과 걱정거리는 내 인생의 동반자이다.
그렇지만, 나는 그 분처럼 구걸하지 않아도 되고,
나는 그 분과 달리 잠 잘 곳이 있고,
나는 그 분이 없는 가정과 일터가 있다.

이 세상에 근심걱정 없는 사람이 있을까?
그런 사람은 단 한 사람도 없을 것이다.
그냥 이렇게 매일 눈을 뜨고,
그냥 이렇게 매일 밥을 먹고,
그냥 이렇게 매일 일을 할 수 있어 좋다.
그냥 이렇게 살아 있는 것만으로도 감사하고 행복하다.
하루를 감사함으로 받아들이는 것은
하나님과 나에 대한 최소한의 예의이다.

**범사에 감사하라 이것이 그리스도 예수 안에서
너희를 향하신 하나님의 뜻이니라**
- 데살로니가전서 5장 18절 -

아래 글은 법륜스님의 '감사의 기도' 라는 글이다.

예기치 못한 일은 늘 일어납니다.
사랑하는 사람이 불치병에 걸리기도 하고,
소풍날 비가 오기도 하고,
사업이 망할 수도 있습니다.
그런 일들은 내 운명이 잘못되어서
전생에 나쁜 짓을 해서가 아니라
확률적으로 일어날 수 있는 일들입니다.
하지만 병든 사람도 행복할 수 있고, 사업이 망한 사람도 행복할 수 있고, 사고 당한 사람도 행복할 수 있습니다. 이미 일어난 일이 왜 일어났는지 자꾸 생각하면 행복해질 수가 없습니다. 주어진 조건에 만족하며,
행복하게 사는 것이 가장 좋습니다.
'이만하기 다행입니다. 감사합니다'라는
마음으로 기도해 보세요.

결국 기독교도, 불교도, 과학적으로도
 '범사에 감사' 하는 마음을 갖는 것이
행복해지는 방법이다.

03 엘렌 랭어의 시계 거꾸로 돌리기

연구하버드대 심리학과 교수 엘렌 랭어는 1979년 외딴 마을의
노인 8명을 대상으로 한 '시계 거꾸로 돌리기 연구'를 했다.
이 연구는 70대 후반에서 80대 초반 노인들을 대상으로
1959년의 풍경으로 가득 꾸며진 집에서
그 때의 방송을 듣고, 그 때의 물건을 사용하고,
가족이나 간병인의 도움 없이 무엇을 먹을 것인지를
스스로 결정하는 데서부터 요리와 설거지, 청소 등 육체적 활동을 하며
일상생활을 지낸 노인들에게 어떤 변화가 일어났을까를 실험하였다.
이 연구는 마음의 시계를 거꾸로 돌린다면
육체의 시간도 되돌릴 수 있다는 뜻에서
'시계 거꾸로 돌리기 연구'라고 이름 붙여졌다.

연구에 참가한 노인들은 처음에는 1959년으로 사는 것에 어색해하고,
집안 일을 하는 것에 난색을 표했지만,
그들은 차츰 1959년의 일상을 자연스럽게 재연했다.
그리고 1주일의 시간여행이 끝났을 때,
노인들의 정신적-신체적 건강상태는 모두 호전되어
그들의 신체나이는 50대 수준으로 젊어져 있었다.

생활하는 마음가짐이 달라지자 시간이
마치 거꾸로 돌아가는 듯한 결과를 가져온 것이다.

참 신기한 연구결과이다.
내가 어떤 마음가짐으로 사느냐에 따라
80대 할아버지도 50대 아저씨의 삶을 살 수 있다는 것이다.
마음의 시계를 거꾸로 돌리고 살자.
하늘나라 갈 때 가더라도 건강한 육체로 살자.

우리를 울타리에 가두는 것은 신체적인 자아가 아니라 신체적인 한계를 믿는 우리의 사고방식이다.
- 엘렌 렝어(Ellen Langer) -

04 숙제하듯 살지 말고 축제하듯 살자

사람들은 대부분 인생을 숙제하듯 사는 것 같다.
심지어 그 숙제를 하지 못한 사람은
인생의 실패자나 낙오자로 취급된다.
그렇지만, 단 한번뿐인 우리 인생을
남이 내준 숙제만 하다 끝낼 수는 없다.
국영수를 조금 못하면 어떤가?
SKY에 다니지 못하면 어떤가?
대기업에 입사하지 못하면 어떤가?
돈이 없어도, SKY를 졸업하지 못했어도,
작은 회사에 다니고 있어도,
얼마든지 축제를 벌일 수 있다.
오늘 내가 갖고 있는 감사거리만으로도
얼마든지 축제의 판을 펼칠 수 있다.

오늘 하루, 그 축제를 어떻게 즐길지만 생각하자.
이래도 저래도 하루는 24시간밖에 없다.
유행가 가사처럼, 어차피 인생은 빈 술잔 들고 취하는 것 아닌가?
큰 축제든 작은 축제든 즐기자.

오늘이 지나면, 그 오늘은 영원히 다시 오지 않는다.
내 인생의 오늘은, 오늘이 마지막이다.

내일에 대해서는 아무것도 모른다.
우리가 할 일은 오늘이 좋은 날이며,
오늘이 행복한 날이 되게 하는 것이다

. - 영화배우 시드니 스미스(Sydney Smith) -

05 잘 살아라

문재인 대통령이 취임선서를 한 날
용산상공회의소 CEO과정(제14기)에서
개그맨 이홍렬씨의 '즐거운 인생'이라는 강의를 들었다.
그는 성공보다 더 중요한 것은 성공적인 삶인데,
나누면 커지는 행복을 아는 삶이 성공적인 삶이라고 했다.
즐거운 일은 매일 일어나지 않지만 즐거운 일은 매일 만들 수 있고,
그렇게 즐겁게 사는 방법으로
즐거운 대화(수다)와 유머의 생활화,
그리고 버킷 리스트(bucket list) 실천을 꼽았다.

그는 자신의 버킷 리스트 중 하나인 부산에서 서울까지 610km를 걸어서
종단하기를 하면서 기부금 3억원을 모아 남수단 어린이들에게
2,600대 자전거를 기부한 이야기는 감동 그 자체였다.
또한 에티오피아가 한국전쟁 당시 6,037명을 파병하여
121명이 전사하고, 536명이 부상 입은 것을
기억하기 위해 121쌍 주례를 서고,
그 신랑신부와 가족들이 가난한 아프리카 어린이들
536명에게 후원하게 하는 것이 또 다른 그의 버킷 리스트이다.

현재 22쌍 주례를 섰다고 한다.

그의 버킷 리스트 이야기 듣는 것만으로도 나는 행복했다.
참 멋진 인생이다.
나도 나의 버킷 리스트를 준비해야겠다.

개그맨 배삼룡 선생이 주례설 때
딱 한 마디하고 주례사를 마쳤다고 한다.
"잘 살아라~"

오늘 잘 살자.
내일은 내일 잘 살면 된다.
기왕 사는 거 웃고 살자.

06 제3의 공간

이웃을 사랑하고, 남을 배려하자는 말은 많이 하지만,
나를 사랑하고, 배려하자는 말은 거의 하지 않는 것 같다.
자기 자신을 사랑하지 않는 사람이 과연 얼마나 이웃을 사랑할 수 있을까?
내가 불행하면, 나의 이웃도 불행해질 가능성이 높다.
결국, '나'와 나의 '이웃'은 별개가 아니다.
나와 나의 이웃을 위해 그리고 우리 사회를 위해서
나는 행복해질 책무(責務)가 있다.

그렇다면 내가 행복하려면 어떻게 해야 할까?
감사한 마음으로 주어진 일을 열심히 하고,
감사한 마음으로 가족과 이웃을 섬기고,
감사한 마음으로 오늘을 마감할 수 있는 마음이
곧 행복 아닐까?
그리고 작은 여유가 남아 있다면
나만의 공간을 마련해 보는 것도 좋을 것 같다.

가정을 제1의 공간, 직장을 제2의 공간이라 한다면
몇 시간만이라도 부담 없이 보낼 수 있는 공간,

예컨대, 즐겁게 대화를 나눌 수 있는 동네카페처럼
정겨운 공간을 '제3의 공간'이라고 한다.
미국 사회학자 레이 올든버그(Ray Oldenburg)는
제3의 공간이 있는 사람이 더 행복하다고 주장한다.
그렇다면, 나만의 '제3의 공간'을 마련해 보는 것은 어떨까?

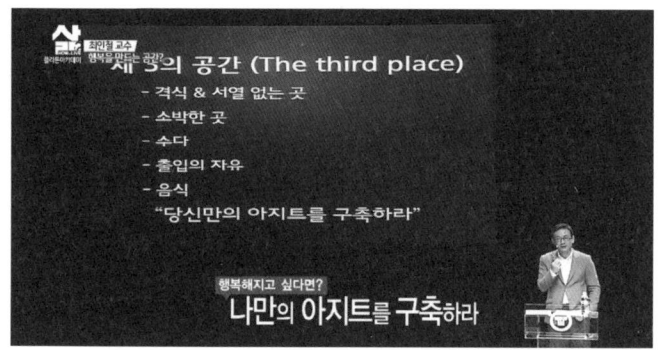

07 마요네즈통과 커피 두 잔

대학교 철학 강의 시간에 교수가 마요네즈통을 들고 등장한다.
강단에 선 교수는 마요네즈통에 골프공들을 채워 넣고,
학생들에게 통이 가득 찼냐고 묻는다.
학생들은 그렇다고 대답한다.
교수는 다시 그 통에 조약돌을 채워 넣고는,
학생들에게 통이 가득 찼는지 묻는다.
학생들은 다시 그렇다고 대답한다.
다음으로 교수는 통의 빈 공간에 모래를 채워 넣는다.
또 다시 교수는 학생들에게 통이 가득 찼냐고 묻고,
학생들은 역시 그렇다고 대답한다.
교수는 골프공과 조약돌과 모래로
빈 틈 없이 찬 듯 보이는 통에 커피 두 잔을 붓는다.
학생들 사이에서 웃음이 흘러나오고, 교수는 이야기한다.
 "마요네즈통은 여러분의 삶에 비유할 수 있습니다.
골프공들은 인생에서 가장 중요한 것들을 뜻합니다.
사랑하는 사람, 가족, 건강, 꿈.
조약돌은 그 다음으로 중요한 것들,
모래는 가장 덜 중요한 것들을 의미합니다.

통에 모래를 먼저 가득 채워 넣으면
조약돌과 골프공이 들어갈 자리가 없다는 것을 기억하십시오."
 "그렇다면 커피는 무엇을 의미하나요?"
 "좋은 질문입니다. 커피 두 잔은 여러분의 삶이
얼마나 바쁜 일들로 가득하든지 간에
언제나 친구와 커피 한 잔 할 시간 정도는 있다는 것을 의미합니다."

페이스북에서 만난 글이다.
나의 골프공은 무엇일까?
하나님, 가족, 친구, 법무법인 서호, 건강, 꿈 …
나의 조약돌은 무엇일까? 나의 모래는 무엇일까?
내 인생에 있어서 돈과 명예는 조약돌이나 모래에 불과하겠지만,
나의 대부분의 시간을 조약돌과 모래에 할애하는 것 같다.
오늘부터라도 나의 골프공들을 더 챙기고,
친구와 커피 한 잔 할 시간을 자주 갖자.
나를 위해서라도 …

이 세상이나 세상에 있는 것들을 사랑하지 말라
누구든지 세상을 사랑하면
아버지의 사랑이 그 안에 있지 아니하니
이는 세상에 있는 모든 것이
육신의 정욕과 안목의 정욕과 이생의 자랑이니
다 아버지께로부터 온 것이 아니요 세상으로부터 온 것이
라 이 세상도, 그 정욕도 지나가되
오직 하나님의 뜻을 행하는 자는 영원히 거하느니라
 – 요한일서 2장 15~17절 -

08 즐거움은 언제나 지금 여기에 있다

현재가 즐겁지 않다면 그 어느 곳에도 즐거움은 없다.
하던 일을 바꾼다 한들 새로움은 잠시뿐.
기대감은 또다시 실망으로 변한다.
다른 곳을 향한 시선을 거두어 여기를 주목하라.
즐거움은 언제나 지금 여기에 있다.
- 정약용 -

오늘 아침 출근길 아파트 단지 내에 피어 있는
라일락 꽃 향기가 코끝을 마비시킨다.
"소소하고 자잘한 것에 행복을 느끼며 사는 것이
행복한 삶 아닐까요?"
정약용 선생의 말이 아니라 올해 고등학교 입학한 아들의 말이다.
어린 아들이 갑자기 철학자가 된 것 같다.
오늘 하루 만나는 사람을 통해,
오늘 하루 하는 일을 통해 작은 행복거리를 찾았으면 좋겠다.
그 라일락 꽃 향기만으로도 나는 오늘 행복하다.
내일 일은 모른다.

오늘 우리가 마음을 다하여 할 일은
오늘 하루를 행복한 날로 만드는 것이다.
그것이 삶이고, 그것이 행복이다.

나는 여호와로 말미암아 즐거워하며
나의 구원의 하나님으로 말미암아 기뻐하리로다
- 하박국 3장 18절 -

09 좋은 선택

갈까 말까 할 때는 가라.
살까 말까 할 때는 사지 마라.
말할까 말까 할 때는 말하지 마라.
줄까 말까 할 때는 줘라.
먹을까 말까 할 때는 먹지 마라.

서울대 최종훈 교수의 인생교훈이다.
공감하고 공감한다.
특히 먹을까 말까 할 때는 먹지 말아야 함에도
식탐의 유혹을 견디지 못하고 무너지는 바람에 베둘레헴만 늘어난다.

말하는 것도 그렇다.
사랑의 말이나 축복의 말을 할 때
그렇게 말할까 말까를 고민하지 않을 것이다.
뒷담화나 부정적인 말을 하려고 하니까 고민되는 것 아닐까?
사람에게 귀가 2개이고, 입이 1개인 것은 말하는 것 보다
듣는 것을 두 배 더 하라는 창조주의 명령이다.
나이를 먹을수록 내 얘기가 길어지는 것 같다.

말도 줄이고, 말수도 줄이자.
최종훈 교수님의 인생교훈에는 공통점이 하나 있다.
모두 선택의 기로에서는 편한 선택 보다는
하기 힘든 선택을 하라는 것이다.
결국 무슨 일이든 할까 말까 고민될 때는
어떤 선택이 더 어려운 선택인지 여부를 판단하면 되지 않을까?
그래도 선택하기 힘들 때는 마음가는대로 해라.
내 인생은 나의 것이니까…

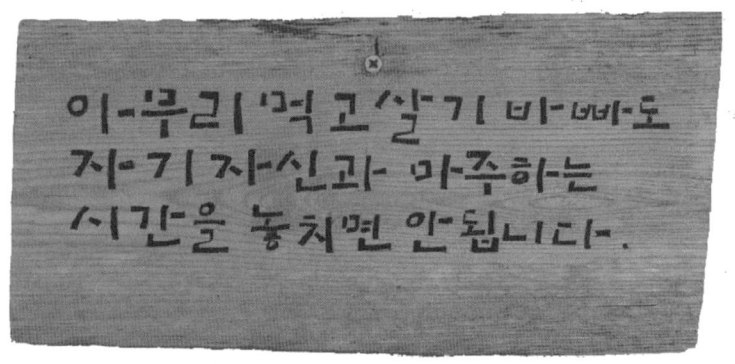

10 세상에 노력하지 않아도 되는 일은 없다

그러고 보면 세상에 노력하지 않아도 되는 일은 없다
. 행복해 지는 것,
사랑하는 것,
진심을 전하는 것.
이런 것들은 가만히 두어도
언젠가는 다 이루어질 것 같지만 그렇지가 않다
. 노력해야만 해 ...
- 서제유의 '오늘이 너무 익숙해서' 중에서 -

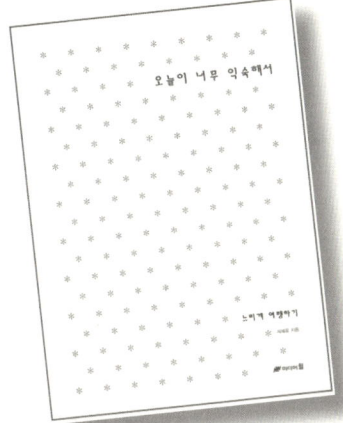

맞는 말씀이다.
세상에 공짜 없고, 그냥 저절로 되는 일 없다.
범사에 감사하는 마음을 갖는 것,
이웃을 내 몸처럼 사랑하는 것,
진솔한 마음을 전하는 것
모두 노력해야 얻어지는 것들이다.
무슨 일을 하든지 마음을 다하자.
하나님이 그 마음을 기억하실 것이다.

11 인생의 오리나무

오리나무는 우리나라 야산에서 흔히 볼 수 있는 나무이다.
산기슭이나 개울가에 주로 자라는 키다리 나무이다.
그런데 이 나무는 이름의 내력이 참 재미있다.
'오리'라는 이름은 옛날 길가에 5리(五里)마다 심어
이정표로 삼은 것에서 유래했다고 한다.
조선시대에는 남자가 출세하려면 괴나리봇짐을 둘러메고
산 넘고 물 건너 과거 길에 올라야 했다.
한양으로 과거시험을 보러 가는 선비들에게
오리나무는 그늘이 되고, 길동무가 되어준 고마운 존재였다.

오리나무가 5리마다 심었다면
스무나무(시무나무)는 우리 조상들이 20리마다 심었던 나무이다.
키가 커서 먼 곳에서도 눈에 잘 띄어 이정표목으로 사용한 것이다.
늙은 나무는 여인들이 득남을 위해 기도하는
기도목이나 마을의 정자목 역할까지 했다.

이정표로 치자면 요즘처럼 범람하던 때가 일찍이 없었다.
도로 곳곳에 설치된 교통안내 표지판이

방향이나 거리를 자세히 알려주고 있다.
최첨단 네비게이션이 골목길까지 안내하는 세상이 아닌가?
그런데 길을 잃는 사람은 여전히 줄지 않은 듯 하다.
비단 도로에만 해당되는 얘기가 아니다.

우리 인생길에서 방향을 잃고 방황하는 사람들이 얼마나 많은가? 인생의 길잡이가 되는 책과 정보들이
서점과 인터넷에 범람하는데도 말이다.
미국 밥 무어헤드 목사의 지적처럼
건물은 높아졌지만 인격은 더 작아졌고,
지식은 많아졌지만 판단력이 부족한 탓이다.

우리들 각자는 멀고도 긴 인생길을 걸어가야 한다.
당신에게 5리마다 길을 가르쳐줄 '오리나무'가 있는가?
5년 후, 20년 후에도 길을 잃지 않도록
단단히 영혼을 잡아줄 그런 존재가 있는가?

어느 날 지인으로부터 받은 글이다.
나의 '오리나무'는 무엇인가?
  '하나님에게는 영광, 이웃에게는 유익이 되는 존재'가
나의 삶이자 나의 오리나무이다.
그런데 내 마음의 발은 늘 세상에 한 발을 걸쳐놓고 있는 것 같다.
예수님을 만나면, 바울처럼 애벌레에서 나비로 변화되어야 하는데,
그런데 예수님을 만났다고 하면서도
여전히 나는 애벌레의 모습을 간직하고 있다.
나는 나약하고, 부족하고, 흠 투성이다.

나의 그 애벌레의 모습을 버리기 위해서는 어떻게 해야 할까?
주님 앞에 온전히 내려놓고, 예수님만으로 만족해야 한다.
내 삶에 감사와 기쁨이 넘쳐야 한다.
그런데 그 감사와 기쁨은 거저 얻어지는 것이 아닌 것 같다.
'간절함'이 필요하다.
그래서 오늘도 나는 하나님의 백성답게 살게 해달라고
간절히 기도한다.
평생 나비로 살고 싶다.

"어떻게 하면 나비가 되죠?"
"날기를 간절히 원하면 돼.
하나의 애벌레로 사는 것을
기꺼이 포기할 만큼 간절하게"
- 트리나 폴러스의 '꽃들에게 희망을' 중에서 -

12 자기 자신을 전우라 생각하자

흔히 오래 함께한 부부는 전우와 같다고 한다.
빠르게 변하는 세상 속에서
경제 공동체, 운명 공동체로 살아가니 그런 기분도 들 것이다.
하지만 그것보다 더 중요한 것은
자기 자신을 전우라 생각하고, 전우로서 사랑하는 것이다.
누구에게도 인정받지 못하고 고군분투하던 지난날의 자
신을 알고 있는 것은 자기뿐이기 때문이다.
- 사이토 다카시의 '혼자 있는 시간의 힘' 중에서 -

전우(戰友)는 생사를 함께 한 동료이다.
나의 가장 좋은 동료는 나 자신이다.
수많은 봄, 여름, 가을, 겨울을 함께 한 자기 자신을 사랑하자.
힘들었지만 지금까지 함께 한 자기 자신을 격려하면서 살자.
끝까지 나를 믿어줄 사람은 나다. 나만이라도 내편이 되어줘야 한다.
그래야 내가 남의 편이 되어 줄 수 있다.
내가 먼저 행복해야 한다.
그것이 행복의 제1법칙이다.

당신이 사랑하는 삶을 살라.
당신이 사는 삶을 사랑하라.
- 밥 말레이(Bob Marley) -

13 이해한다

인디언에게 '사랑한다'는 말이 없다.
사랑은 말로 표현하는 게 아니라고 생각하기 때문이다.
대신 연인끼리 '이해한다'는 의미의
'킨(Kin)'이라는 말을 쓴다.
사랑하는 것과 이해하는 것을 동일시하는 것이다.

참 멋진 인디언들이다.
우리 국어사전은 '사랑한다'를 어떻게 설명하고 있을까?
1. 어떤 사람이나 존재를 몹시 아끼고 귀중히 여기다.
2. 어떤 사물이나 대상을 아끼고 소중히 여기거나 즐기다.
3. 남을 이해하고 돕다.

'사랑한다'의 의미를 수만 가지로 정의할 수 있을 것이고,
인디언처럼 '이해한다'는 단 한마디로도 정의할 수 있을 것이다.
감사도 감사할 수 없을 때 감사하는 것이 진짜 감사이듯
사랑도 사랑할 수 없을 때 사랑하는 것이 진짜 사랑이다.

또한 사랑은 이해하는 것만으로는 부족하다.
이해하고 표현해야 한다.
표현하지 않은 사랑은 2% 부족한 사랑이다.
그래서 인디언의 정의 보다는 '남을 이해하고 돕다'라고 한
우리 국어사전의 정의가 더 마음에 든다.

그렇지만 예수님의 사랑은 이해하고 돕는 것뿐만 아니라
희생과 헌신까지 담겨있다.
우리 서로 예수님처럼 사랑하도록 노력하자.
사랑은 '서로' 하는 것이다.
이는 예수님의 지상명령이다.

새 계명을 너희에게 주노니 서로 사랑하라
내가 너희를 사랑한 것 같이 너희도 서로 사랑하라
- 요한복음 13장 34절 -

14 큰 꿈이든 작은 꿈이든 가져보자

내일이 있어 고된 겁니다.
희망이 있어 힘든 겁니다.
목표가 있어 느린 겁니다.
행복이 있어 아픈 겁니다.
가슴에 품을 무엇이 있다는 것
오늘을 사는 당당한 이유입니다.
- 이원준 시인 글 -

내일이 없다면, 오늘은 아무런 의미가 없다.
희망은 오늘을 사는 이유이다.
목표가 없다면, 삶은 심심할 것이다.
행복은 오늘과 내일을 이어주는 다리이다.

큰 희망이든 작은 희망이든 가져보자.
큰 목표든 작은 목표든 가져보자.
큰 꿈이든 작은 꿈이든 가져보자.
그렇게 희망과 목표와 꿈을 갖고 사는 것이 지혜로운 삶이다.
그것을 이루고, 못 이루고는 그 다음 문제다.

나와 여러분의 희망과 목표와 꿈을 응원한다.
지금 시작하면 된다.
늦었다고 생각할 때가 가장 빠른 때다.
꿈은 스스로 버리지 않는 한 언젠가는 이루어진다.
만약에 꿈이 안 이루어지면 어떻게 하느냐고 묻지 마라.
그 때는 천국에서 이루면 된다.

꿈이 있으면 모든 어려움은 과정입니다.
꿈이 없으면 모든 고난은 불운입니다.
내가 불행하다고 느끼는 것은
고난보다 더 큰 꿈이 없어서입니다.
- 조정민 목사의 '인생은 선물이다' 중에서 -

15 잘하면 박수, 잘못하면 더 박수

미국 워싱턴 D.C에 위치한 스미소니언 박물관
(Smithsonian Museum)은 19개의 박물관·미술관·도서관 등
모든 분야의 자료를 소장한 종합박물관으로
세계 최대 규모를 자랑한다.

그 박물관에는 아브라함 링컨이 암살당한 날인
1865년 4월 14일 밤 링컨의 주머니에
들어 있었던 물품이 전시되어 있다.
　'A. 링컨'이라고 수를 놓은 손수건 한 장,
시골 소녀가 선물한 주머니칼,
실로 묶어서 고쳐 놓은 안경집,
5달러 지폐 한 장이 든 지갑
그리고 신문기사를 스크랩한 낡은 신문 조각이다.

링컨의 유품 중에서 사람들의 눈길을 끈 것은 신문 조각이었다.
그 신문 조각에는 "에이브러햄 링컨은 역대 정치인들 중에서
최고의 정치인이다.'라고 언급한 존 브라이트의 연설문이 실려 있었다.
얼마나 자주 보았는지 신문 조각이 너덜너덜 했다.

링컨처럼 위대한 인물도 자신을 격려하는
신문기사를 호주머니에 넣고 다니면서
힘들 때마다 꺼내 보며 위로를 받고 있었던 것이다.

아래 내용은 '로마인 이야기'의 저자
시오노 나나미(しおのななみ)의 일화라고 한다.

그녀가 이탈리아에서 유학생활을 하고 있을 때,
출판사 편집장인 가스야씨를 안내하게 되었다.
가스야씨는 만나는 사람마다 습관처럼,
 "글을 한번 써 보시지요." 라고 말했다.
그는 20대 젊은 시오노 나나미에게도 글을 써 볼 것을 권유했다.
그는 아무 뜻 없이 던진 말이었을지도 모른다.
그러나 시오노 나나미는 그 제안을 발판삼아
세계적인 작가가 될 수 있었다고 한다.

우리 모두 비판자 보다는 격려자의 삶을 살자.
누군가 나로 인해 힘을 얻고,
누군가 나 때문에 행복하게 해주자.
우리 서로 돌아보아 사랑과 선행을 격려하자.
인간의 의무 중 최고의 의무가 '격려'임을 명심하자.

미국 올랜도에 있는 비전교회에
슬로건이 하나 있다고 한다.
 "잘하면 박수, 잘못하면 더 박수!"
격려하고 박수쳐주는데,

돈 드는 것도 아니지 않는가?
기왕 쳐주는 박수 더 힘차게 쳐주자.
그대는 아는가?
박수를 쳐주면,
박수치는 나는 더 건강해진다는 것을…

서로 돌아보아 사랑과 선행을 격려하며
모이기를 폐하는 어떤 사람들의 습관과 같이 하지 말고
오직 권하여 그날이 가까움을 볼수록 더욱 그리하자

- 히브리서 10장 24~25절 -

16 사슴은 먹이를 발견하면 무리를 불러 모은다

녹명(鹿鳴)은 시경(詩經)의
'呦呦鹿鳴 食野之萍(유유녹명 식야지평)'
즉, '메에메에 사슴이 울며 들의 부평초를 뜯고 있네.'라는
구절에서 인용된 단어이다.
대부분의 동물들이 먹이를 얻으면 몰래 숨어서 먹는 것과 달리
사슴은 먹이를 발견하면 소리를 내어 무리를 불러 모은다고 한다.
그래서 나온 말이 녹명(鹿鳴)이다.

2017년 5월 9일은 대한민국의 주권자인
우리 국민들이 제19대 대통령을 선출하는 날이다.
그런데 이상하게도 대통령이 되기만 하면
자신을 뽑아준 국민들은 뒷전이고, 자기 세력들만 배불리 먹으려 한다.
물론 그것이 권력의 속성인지 모르겠으나,
새로 선출될 대통령은 부디 녹명의 마음가짐으로
더불어 사는 사회를 만들어 주길 기대한다.

우리도 사슴처럼 먹이를 발견하면,
소리를 내어 무리를 불러 모아 함께 먹어야 한다.
우리가 사슴보다 못해서야 되겠는가?

17 프로크루스테스의 침대
(Procrustean bed)

그리스 로마 신화에 '프로크루스테스의 침대' 이야기가 나온다.
프로크루스테스는 아테네로 가는 길목에서
지나가는 행인을 유인하여 집 안에 들어오게 하여
자기 쇠 침대에 묶은 다음 침대보다 키가 크면
큰 만큼 머리나 다리를 잘라 죽이고,
작으면 작은 만큼 몸을 늘려 그로 인해 죽게 만들었다.
그러던 어느 날 그가 아테네의 영웅 테세우스도
같은 방법으로 죽이려 했는데,
테세우스가 오히려 그가 했던 방법으로
그의 키가 침대 보다 컸기 때문에 그의 목을 잘라 죽인다.
이처럼 자기가 세운 일방적인 기준과 잣대로 다른 사람을
자기의 기준과 잣대에 맞추어 평가하는 것을
프로크루스테스의 침대(Procrustean bed)라고 한다.

나에게도 프로크루스테스의 침대가 있다.
아버지는 예수님처럼 위로자와 격려자로 살아가야 마땅함에도
딸과 아들을 둔 나는 내 기준대로만 자녀를 평가하고, 질책했다.
자녀가 변하길 기도하지 말고,
내가 변하도록 기도했어야 했다.
다 내 탓이다.

18 오늘은 무슨 유익한 질문을 했니?

이지도어 아이작 라비(Isidor Isaac Rabi)는
미국 물리학자인데,
1944년 핵자기 공명의 발견에 대한 공로로
노벨 물리학상을 수상하였다.
아래는 그가 한 수상 소감이다.

"내가 물리학자로 성공한 이유는
학교에서 돌아올 때마다 현관 앞에 나와
'아이작, 오늘은 무슨 유익한 질문을 했니?'라고 물어보고,
늘 그것을 열심히 들어주던 어머니 덕분이었죠."

나는 과연 내 딸아들에게 어떤 질문을 했을까?
몇 등 했는지, 국영수 몇 점 맞았는지만 물어봤던 것 같다.
부전자전(父傳子傳)이라 했다.
언감생심(焉敢生心) 청출어람(靑出於藍)만 기대하지 말고
나부터 변하자.

19 램프증후군
(Lamp Syndrome)

우리가 하는 걱정거리의
40%는 절대 일어나지 않을 사건들에 대한 것이고,
30%는 이미 일어난 사건들,
22%는 사소한 사건들,
4%는 우리가 바꿀 수 없는 사건들에 대한 것이다.
나머지 4%만이 우리가 대처할 수 있는 진짜 사건이다.
즉, 96%의 걱정거리가 쓸데없는 것이다.
- 미국의 심리학자 어니 젤린스키(Ernie J. Zelinski) -

끝없는 근심걱정거리를 불러내어 그 속에서 벗어나지 못하는 현상을
'램프증후군(Lamp Syndrome)'이라고 한다.
동화 속에서 주인공 알라딘이 마술램프 속
마법의 거인 '지니'를 깨워내듯이
마치 근심걱정의 램프만 붙들고 있는 모양이다.
그렇게 미래에 대한 불안이 지나친 현상을
정신병리학에서는 '불안장애'라고 한다.
근심걱정 하는 것도 습관이다.
나도 그 동안 수많은 근심걱정을 하면서 살아 왔다.

그런데 그 근심걱정거리 대부분은 Zelinski 주장처럼,
내가 해결할 수 없거나 하지 않아도 될 것들이었다.
나도 하나님에게 "왜 이런 고난을 주시냐"고 따진 적도 있다.
그런데, 세월이 지나 돌이켜 보니
그 때 하나님은 나에게 가장 좋은 길로 인도하신 것이었다.
내일 일은 내일이 염려하도록 하자.
 '너의 행사를 여호와께 맡기라 그리하면
네가 경영하는 것이 이루어지리라'는 잠언 16장 3절 말씀대로,
우리 그냥 마음 편히 하나님께 맡기는 삶을 살자.
하나님이 주신 선물인 오늘을 낭비하지 말자.

어제는 역사이고, 내일은 미스테리, 오늘은 선물이다.
그래서 현재를 선물이라고 부르는 것이다.
- 영화 '쿵푸팬더' 명대사 -

20 버큰헤드호를 기억하라
(Remember Birkenhead)

1852년 2월 26일 새벽 2시 병사들과 그 가족들 638명을 태우고
남아프리카의 사이몬스타운을 출항한 영국 군함 버큰헤드(Birkenhead)호는
남아공의 간스바이로부터 약 2마일 정도 떨어진 해역에서
암초에 부딪혀 두 동강이 난다.
배가 침몰하는데 구명정은 3척뿐이었다.
이때 "여성과 아이들을 먼저 구조하라(Women and children, first)"는
지시가 내려졌고, 모두가 일사불란하게 그에 따라 움직였다.
배가 침몰하기 20분 전, 살몬드 함장은
병사들에게 뛰어들어 구명정으로 가라고 했지만,
세튼 대령은 "모두 한꺼번에 달려들면 구명정이 전복될 수 있으니
제자리를 지켜달라."고 간청한다.
세튼 대령의 정중한 호소에 병사들은 갑판 위에 모여
거의 '부동자세'를 유지했다.
탈출을 시도한 병사가 3명도 채 되지 않았다.

군인 수송함에 타고 있던 수백 명의 군인과 선원, 장교와 병사는
구명정에 여성과 어린이를 먼저 태우고 약자들을 위험에 빠뜨리는 대신
스스로 의로운 죽음을 택했다.

버큰헤드호 승선인원 638명 중
454명이 사망했고, 184명이 구조되었는데,
여성과 어린이는 한 명도
희생되지 않고 살아남았다.

어제는 부활주일이자 2014년 4월 16일
세월호가 침몰한지 3년이 되는 날이다.
신고부터 침몰까지 101분.
훤한 아침에 구조과정이 TV로 생중계된 세월호의 선장과 선원들은
배가 위태롭게 기울어진 상황에서도 승객들을 선실에 대기시켜놓고,
화물 적재량을 조작했고,
선박회사와 교신을 주고받으며,
가장 먼저 탈출했다.
구명정이나 구명슈터 하나 내리지 않았고,
퇴선조치조차 취하지 않았다.
세월호는 승선인원 476명 중 295명이 사망했고,
시신조차 수습하지 못한 실종자는 9명, 생존자는 172명에 불과했다.

그냥 마음 아픈 사건 1건으로 넘어가지 말자.
304건의 사건이 동시에 발생한 대형참사다.
세월호 침몰원인, 구조과정의 문제점 등의 진상을 명백히 규명해야 한다.
앞으로도 재난상황은 언제든지 발생할 수 있다.
그렇지만 세월호의 비극은 또다시 반복되지 않아야 한다.

Remember Birkenhead!!

21 법지위도전고이장리
(法之爲道前苦而長利)

이정미 헌법재판관이 퇴임사에서 언급한 한비자(韓非子) 말이다.
나도 군법무관으로서 10년, 변호사 14년,
총 24년 법조경험을 통해 느낀 바도 유사하다.
아리까리(알쏭달쏭하다는 전라도 사투리) 할 때는
'원칙'대로 하면 된다.
원칙대로 하는 것이 손해 보는 것 같고,
불편한 것 같아도 결국에는 이롭다.
반칙이 통하는 사회는 이제 버리자.
'법(法)은 드러내야 하고,
술(術)은 드러나지 않도록 해야 한다.'(한비자)
삼성공화국과 최순실 공화국에서
민주공화국을 지켜낸
우리 국민들에게 뜨거운 박수를 보낸다.

22 연꽃은 진흙탕에서 자라지만 진흙에 물들지 않는다

이 세상에는 맛있는 음식과 더 맛있는 음식이 있다
这个世界上有好吃的菜跟更好吃的菜。
Zhègeshìjièshàngyǒuhǎochī decàigēngènghǎochī decài。

오늘 중국어선생님으로부터 배운 중국어 문장이다.
나는 이 세상에는 두 가지 음식만 존재한다고 생각한다.
맛있는 음식과 더 맛있는 음식.
나는 지금까지 맛없는 음식을 먹어 본 기억이 거의 없다.
없어서 못먹지…
나에게 모든 음식을 맛있게
먹을 수 있는 입을 주신 하나님께 감사한다.

그런데 이 세상에는 나쁜 사람과 좋은 사람이 상존한다.
음식처럼 좋은 사람과 더 좋은 사람만 있으면 얼마나 좋을까?
그런데 내가 나쁜 사람을 좋은 사람으로 만들기는 쉽지 않다.
심지어 좋은 사람인지 나쁜 사람인지 판단하기조차 어렵다.
그리고 사람은 쉽게 변하지도 않는다.
그러므로 지혜롭게 사는 방법은

그냥 좋은 사람은 가까이 하고,
나쁜 사람은 멀리 하는 수밖에 없다.
그 나쁜 사람을 피할 수 없다면,
나의 선한 영향력으로 그 사람이 변할 수 있도록
마음을 다할 수밖에 없지 않을까?

이제염오(離諸染汚)
연꽃은 진흙탕에서 자라지만 진흙에 물들지 않는다.
불여악구(不與惡俱)
연꽃잎 위에는 한 방울의 오물도 머무르지 않는다.
계향충만(戒香充滿)
연꽃이 피면 물속의 시궁창 냄새는 사라지고 향기가 연못에 가득하다.

연꽃의 고귀함을 잘 표현한 글이다.
연꽃을 꽃 중의 군자라고 한다.
연꽃씨는 물에 떨어져도 오랜 시간 동안 썩지 않는다고 한다.

연꽃은 진흙탕 속에서 자라지만
그 잎과 꽃은 더러움에 물들지 아니하고,
더러운 물이 연꽃에 닿아도
그 흔적을 남기지 않고 그대로 굴러 떨어지며,
물속의 더러운 냄새도 꽃이 피면 사라지고,
그 향기로 연못을 가득 채운다.
우리 모두 진흙에 물들지 않는 연꽃 같은 사람이 되자.
그래서 이 세상을 좀 더 향기 나는 아름다운 세상으로 만들자.

23 바가지를 거꾸로 들지 말자

하늘에서 비가 내릴 때 바가지를 들고 있으면
크기에 따라 많이 받기도 적게 받기도 하지요.
그런데 하루 종일 바가지 들고 있어도
옷만 젖지 물은 한 방울도 못 받는 사람이 있어요.
바가지를 거꾸로 든 사람입니다.
이런 사람은 자기 생각에 사로잡혀
다른 사람의 말을 귀담아 듣지 않고
듣는다 해도 자기 식대로 들어요.
이런 내 식이라고 하는 것과
내 생각이라고 하는 것을 접을 수 있어야
들리기도 하고 보이기도 합니다.

법륜스님의 지혜로운 말씀이다.
나도 바가지를 거꾸로 들고 있는 사람은 아닐까?
듣는 마음을 갖고 있는 것은 큰 축복이다.
솔로몬은 하나님에게 부귀영광을 구하지 않고
듣는 마음을 구해서 이 세상에서 가장 지혜로운 사람이 되었다.
또한 듣는 마음은 사랑의 마음이다.

나도 오늘 하나님에게 듣는 마음을 달라고 기도했다.

누가 주의 이 많은 백성을 재판할 수 있사오리이까
듣는 마음을 종에게 주사 주의 백성을 재판하여
선악을 분별하게 하옵소서
- 열왕기상 3장 9절 -

24 조고각하
(照顧脚下)

사찰에서는 신발을 벗어 놓는 자리에
조고각하(照顧脚下)라는 글귀를 써 놓는다.
'발 밑을 살펴보라.'라는 뜻이다.
신발을 잘 벗어 놓으라는 뜻이지만,
근본적으로는 지금 자신의 존재를
한 번 더 살펴보라는 의미가 담겨 있다.

잘 나갈 때는 잘 나가는 대로
못 나갈 때는 못 나가는 대로
자신의 삶을 복기(復棋)해 볼 필요가 있다.
삶의 복기는 생을 마감할 때만 하는 것이 아니라
그날그날 잠들기 전에 하는 것이 좋다.

나도 매일 저녁 잠들기 전에 기도하는데,
감사기도 보다는 간구(懇求)기도를 더 많이 한다.
감사거리가 더 많음에도 자꾸 간구거리만 찾는다.
우리 감사하고 또 감사하는 삶을 살아가자.
오늘의 감사가 쌓여 내일의 감사가 만들어진다.

25 상선약수
(上善若水)

上善若水(상선약수)
水善利萬物而不爭(수선이만물이부쟁)
處衆之所惡(처중인지소오)
故幾於道(고기어도)
지극히 선한 것은 마치 물과 같다.
물은 만물을 잘 이롭게 하면서도 다투지 않으며,
뭇사람이 싫어하는 곳에 자리를 잡는다. 그래서
도에 가깝다.

노자(老子) 도덕경(道德經)에 있는 말이다.
도인다운 말이다.
물은 생명을 공급해 주고,
더러운 것을 씻어 주고,
가장 낮은 곳에 자리하고,
자신만의 모양이 아닌
주위 환경에 순응하여 여러 모양으로 변한다.
또한 물은 가장 부드럽지만,
동시에 그 어떤 것보다 강하다.

구약시대 노아의 방주도
물의 심판 때문에 등장하지 않았는가?
물처럼 온갖 것을 이롭게 하면서,
다투지 않고, 겸손한 사람이 되고 싶다. 오늘
아침 그런 다짐을 하면서 물을 마신다.

제2편
삶을 아름답게하는 것들

01 나는 옷걸이다

세탁소에 갓 들어온 새 옷걸이한테
헌 옷걸이가 한마디 하였다.
"너는 옷걸이라는 사실을 한시도 잊지 말길 바란다."
"왜 옷걸이라는 것을 그렇게 강조하시는지요."
"잠깐씩 입혀지는 옷이 자기의 신분인 양 교만해지는
옷걸이들을 그동안 많이 보았기 때문이다."
- 정채봉의 '처음의 마음으로 돌아가라' 중에서 -

어느 날 아침 지인이 보내준
정채봉 작가의 짧은 동화이다.
나도 옷걸이다.
  '변호사'라는 옷과 '장로'라는 옷도
잠시 나에게 걸쳐진 것에 불과하다.
그렇게 보면 내가 가진 모든 것이
나에게 잠시 맡겨진 것에 불과하다.
나는 나를 만드신 분의 뜻대로
옷걸이로서의 직분을 충실히 감당하면 된다.
옷걸이로 쓰임 받은 것에 감사하자.

02 공은 공이다

탁구공아, 몸집이 작다고 움츠러들지 마라.
덩치는 아무것도 아니란다.
상처 꿰맨 자국이 울퉁불퉁 남아 있는 야구공,
가슴에 구멍이 세 개씩이나 뚫린 볼링공,
이 사람 저 사람 발에 차여
늘 흙투성이가 되는 축구공,
공이라 부르기 미안할 정도로
얼굴이 뒤틀어져 버린 럭비공.
어때, 작지만 깨끗한
네 얼굴이 자랑스럽지 않니?
조금은 힘이 나지 않니?
몸집이 클수록 상처도 크고
능력이 클수록 고민도 크고
곳간이 클수록 외로움도 큰 거란다.

카피라이터 정철의 '한글자'라는 책에 실린 '공'이라는 글이다.
'공'으로 인생을 멋지게 표현한 글이다.
탁구공, 야구공, 볼링공, 축구공, 럭비공 등

모든 공은 다 쓰임에 맞게끔 만들어졌다.
탁구공이 축구에 사용될 수 없음은 자명하다.
또한 불가능하다.

사람도 제 각기 쓰임에 맞게끔 창조되었다.
그 쓰임에 맞게끔 살아가면 된다.
내 모습이 너무 작다고,
내 모습이 너무 초라하다고 원망할 필요 없다.
공들마다 아픔이 있고,
공들마다 각기 다른 사명이 있지 않은가?
또한 비교할 필요도 없다.
큰 공이든 작은 공이든, 새 공이든 헌 공이든, 공은 공이다.
우리 '모두' 주어진 사명대로
하나님께 멋지게 사용되길 기대한다.

03 무언가를 하면 할수록 늘게 된다

공부를 많이 하면 공부가 늘고
운동을 많이 하면 운동이 늘고
요리를 많이 하면 요리가 느는 것처럼
무언가를 하면 할수록 늘게 된다
그러니 걱정하지 마라
더 이상 걱정이 늘지 않게

페이스북과 인스타그램 스타인 글배우(본명 김동혁)의
삶의 지혜가 담긴 글이다.
걱정한다고 걱정이 해결되지 않는다.
걱정은 하면 할수록 마음의 병만 깊어질 뿐이다.
감사하자.
감사하면 감사할수록 감사가 늘게 된다.
도저히 감사할 수 없는
절망의 상황에서 하는 감사가 진짜 감사다.
진짜 감사가 진짜 인생을 만든다.

04 우리 서로 축복의 통로가 되자

습관적인 만남도 진정한 만남이 아니다
그것은 시장 바닥에서 스치고 지나감이나 다를 바 없다.
좋은 만남에는 향기로운 여운이 감돌아야 한다.
그 향기로운 여운으로 인해
멀리 떨어져 있어도 함께 공존할 수 있다.
사람이 향기로운 여운을 지니려면
주어진 시간을 값없는 일에 낭비해서는 안 된다.
쉬지 않고 자신의 삶을 가꾸어야 한다.
그래야 만날 때마다 새로운 향기를 주고받을 수 있다.

법정 스님의 글이다.
법정 스님 말씀처럼 삶은 순간순간이
아름다운 마무리이자, 새로운 시작이어야 한다.
나를 만나는 사람이 나로 인해 행복해지도록
나의 마음가짐과 언행을 향기 나게 하자.
나를 만나는 사람에게 무언가를 줄 수 있는 사람이 되자.
그 사람을 위해 지금 아무 것도 줄 것이 없다면
간절히 기도라도 해주자.
우리 서로 축복의 통로가 되자.

05 앵무새만큼은 하고 살자

어느 박사와 함께 사는 알렉스라는 앵무새가 있었다.
알렉스는 두 살 아기의 감정과
다섯 살 꼬마의 지능이 있었는데
100개 이상의 단어를 사용할 줄 알았고,
사람과 곧잘 대화를 이어갔다.
죽기 전날 알렉스는
앵무새 특유의 목소리로 혀를 굴리며
박사에게 마지막으로 세 마디 말을 남겼다.
"잘 지내"
"다음에 또 봐"
"사랑해"

방송작가 김재연이 쓰고, 사진작가 김효정이 찍은
'너의 마음이 안녕 하기를'에 있는 글이다.
앵무새의 그 세 마디 말이 나에게 하는 말 같다.
너도 그렇게 말하며 살라고 …

행복한 순간들은
하루에도 몇 번씩 우리를 지나친다.
어쩌면 지금 이 순간에도

같은 책에 실린 글이다.
지금 "사랑해"라는 말을 하고,
지금 나에게 주어진 행복을 누리며 살자.
앵무새만큼은 하고 살자.

"사랑해"

06 오늘 하루도
끝나지 않았어

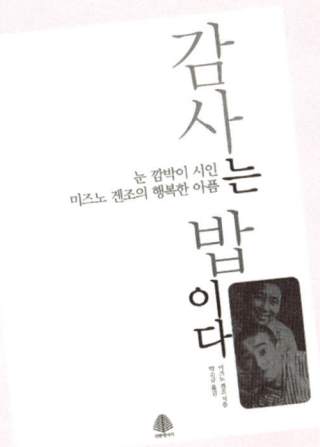

신문 냄새에 아침을 느껴
차가운 물맛에 여름을 느껴
풍경 소리에 신선한 해 질 녘을 느껴
개구리 소리에 슬픔을 느껴
오늘 하루도 끝나지 않았어
하나하나에
하나님의 은혜와 사랑을 느껴

그냥 일상을 그린 평범한 글 같지만,
'눈 깜박이 시인' 미즈노 겐조(水野源三, 1937-1984)가 쓴
「감사는 밥이다」라는 시집에 실린 '오늘 하루도' 라는 시다.

위 시집 제목처럼, 감사를 밥 먹듯이 할 수 있을까?
하나님은 감사할 때만 감사하라가 아니라
'범사에' 감사하라고 하신다.
도저히 감사할 수 없을 때도 감사하라고 명령하신 것이다.

내가 만나는 '오늘' 이 얼마나 큰 축복인지
이 시를 통해 절실히 느껴진다.

오늘 하루 그렇게 하나님의 은혜와 사랑을 느끼며 살자.
우리 그렇게 매일 감사의 탑을 쌓아가자.

미즈노 겐조는 나가노 현 사카키라는
조용한 작은 농촌 마을에서 태어났다.
그는 초등학교 4학년 11세 때 이질에 의한 고열로 인해
뇌성마비로 전신마비가 되고, 언어능력까지 잃게 된다.
그러던 중 16세 때 마을을 찾아온
미야오(宮尾) 목사를 통해 복음을 듣게 된다.
그는 성경과 설교 테이프를 들으면서
예수님을 구주(救主)로 영접했다.

그가 감정을 표현하는 방법은
얼굴에 웃음을 지어보이는 것과 눈을 깜박이는 것뿐이었다.
그의 어머니가 일본어 히라가나 50음도 표를 하나하나 가리키면,
그는 자신이 원하는 글자에
눈을 깜박여서 신호를 보내 한 글자씩 모으고,
이것들을 하나의 문장을 엮어내 첫 시집
 '내 은혜가 네게 족하도다' 라는 발간했다.

그의 어머니는 첫 시집 인쇄 중 중병에 걸렸고,
책이 출판되자 그 책을 가슴에 부둥켜안고 울다가
아들을 남겨두고 먼저 하나님의 품으로 돌아갔다.

그 이후 그의 제수씨가 어머니 역할을 하여
이후 시집을 세 권 더 발간한다.

사람의 힘으로는 도저히 할 수 없는 일을 해낸 것이다.
모두 하나님의 은혜이다.

손과 발도 쓰지 못하고, 말도 못하고,
꼼짝없이 누워 있어야만 하는 미즈노 겐조와
그의 눈의 움직임을 쫓아 수첩에 단어를 적는 어머니와 제수씨가
일심동체가 되어 지은 그의 시는
세상의 그 어떤 시와 비교할 수 없다.

「감사는 밥이다」라는 시집은 그가 그동안 출간한 4권의 시집에서
엄선한 시들을 한 권으로 모은 것으로 미즈노 겐조의
소소한 일상을 통한 하나님과 가족 그리고 사람들에 대한
감사와 기쁨의 마음이 잘 드러나 있다.
그의 이야기는 일본 방송에도 소개되어
수많은 일본인들에게 감동을 주었다.
그의 '힘들지 않았다면' 이라는 시도 소개한다.
진정 '고난은 변형된 축복' 이다.

힘들지 않았다면

만약 내가 힘들지 않았다면
하나님의 사랑을 몰랐을 테지
만약 많은 형제자매가 힘들지 않았다면
하나님의 사랑을 전하지 못했겠지
만약 주 되신 예수님이 고난 받지 않으셨다면
하나님의 사랑을 나타낼 수 없으셨겠지

07 행복은 우리 가까이에 있다

저녁 때
돌아갈 집이 있다는 것

힘들 때
마음속으로 생각할 사람이 있다는 것

외로울 때
혼자서 부를 노래가 있다는 것

나태주 시인의 '행복'이란 시다.
시를 보는 것만으로도 저절로 행복해진다.
돌아갈 집이 있고, 사랑하는 사람이 있고,
나만의 공간이 있으면 행복하다.
행복은 그렇게 우리 가까이에 있다.

08 사랑은 몸에 좋다

누군가를 사랑한다는 것은
그 사람의 아픔을 사랑하는 것이다.

누군가를 사랑한다는 것은
그 사람의 햇볕과
그 사람의 그늘을 분별하지 않고
받아 들이는 것이다.

누군가를 사랑한다는 것은
어두운 밤
나란히 걷는 발자국 소리 같아
멀어져도 도란도란
가지런한 숨결 따라 걸어가는 것이다.

다시 누군가를 사랑한다는
것은 아픔 속에 가려 있는
기쁨을 찾아내는 것이다.

창문을 활짝 열고 새 바람 들여놓듯
누군가를 사랑한다는 것은
그 사람 전체를 받아들이는 것이다.

오늘 아침 페이스북에서 만난, 참 따뜻한 시다.
사랑을 이야기하기에는 세상이 너무 어둡다.
마음이 무겁고, 마음이 아프다.
그렇지만 오늘 우리는 살아야 한다.
서로 사랑하면서 살아야 한다.
그러나, 누군가를 사랑한다는 것이
쉬운 것 같으면서 쉽지 않다.
그러나 사랑해야 하고,
그럼에도 불구하고 사랑해야 한다.
사랑은 몸에 좋다.
나와 당신 그리고 우리 모두의 몸에 좋다.
사랑은…

09 봄은 제비꽃을 아는 사람을 기억한다

제비꽃을 알아도 봄은 오고
제비꽃을 몰라도 봄은 간다

제비꽃에 대해 알기 위해서
따로 책을 뒤적여 공부할 필요는 없지

연인과 들길을 걸을 때 잊지 않는다면
발견할 수 있을 거야

그래, 허리를 낮출 줄 아는 사람에게만
보이는 거야 자줏빛이지

자줏빛을 톡 한번 건드려봐 흔들리지?
그건 관심이 있다는 뜻이야

사랑이란 그런 거야
사랑이란 그런 거야

봄은,
제비꽃을 모르는 사람을 기억하지 않지만

제비꽃을 아는 사람 앞으로는
그냥 가는 법이 없단다

그 사람 앞에는
제비꽃 한포기를 피워두고 가거든

참 이상하지?
해마다 잊지 않고 피워두고 가거든

오늘 아침(2017.3.31.) 동아일보 '나민애의 시가 깃든 삶'에 실린
안도현의 '제비꽃에 대하여'라는 시다.
어렸을 때 들에서 흔히 봤던 꽃이 제비꽃이다.
오랑캐꽃이라고도 한다.
내가 사는 아파트 단지 내 화단에서도 볼 수 있는 꽃이다.
양희은은 이 시를 2001년도에 노래로 만들어 부르기도 했다.

그런데 요새는 그 제비꽃이 잘 안 보인다.
그 많던 제비꽃이 어디로 살아졌을까?
지구상에서 살아진 공룡처럼
제비꽃이 갑자기 사라질 리는 없지 않는가?
제비꽃이 사라진 것이 아니라
우리들이 그 꽃을 못보고 지나치는 것은 아닐까?

나는 길을 걸을 때 스마트폰을 보는 경우가 많다.
그런 나와 같은 동지들을 자주 만난다.
지하철에는 고개 숙인 사람들뿐이다.
스마트폰만을 경배하는 세상에서는
제비꽃이 사라질 수밖에 없다.

아침부터 봄비가 내린다.
오늘만이라도 제비꽃을 만나고 싶다.
봄은 제비꽃을 아는 사람을 기억하기에 …

10 꽃과 나무의 만남

꽃 같은 그대
나무 같은 나를 믿고 길을 나서자
그대는 꽃이라서
10년이면 10번 변하겠지만
난 나무 같아서 그 10년
내속에 둥근 나이테로만 남기고 말겠다

타는 가슴이야 내가 알아서 할테니
길가는 동안 내가 지치지 않게
그대의 꽃향기 잃지 않으면 고맙겠다

결혼식 청첩장에 자주 등장하는 참 아름다운 시다.
다시 태어나면 나랑 다시 결혼할거야?
그 질문에 곧바로 고개를 끄덕이는
배우자가 있는 사람은 행복한 사람일 것이다.

꽃과 나무의 만남은 전혀 다른 세계의 만남이지만,
생을 마감할 때까지 함께 할 수 있는 만남이다.

나는 과연 나무 같은 존재인가?
나는 나무 같은 존재도 아니면서
그대에게 꽃향기 잃지 말라고 요구만 하고 있는 것 같다.
나는 나무가 아닌 꽃이고,
그대가 꽃이 아닌 나무인 것 같다.

미안하고 미안하다.
나무가 아닌 내가 나무 행세를 해서 …

11 사람이 먼저다

1
예수가 낚시대를 드리우고 한강에 앉아있다 강변에 모닥불을 피워 놓고 예수가 젖은 옷을 말리고 있다 들풀들이 날마다 인간의 칼에 찔려 쓰러지고 풀의 꽃과 같은 인간의 꽃 한 송이 피었다 지는데, 인간이 아름다워지는 것을 보기 위하여, 예수가 겨울비에 젖으며 서대문 구치소 담벼락에 기대어 울고 있다

2
술 취한 저녁 지평선 너머로 예수의 긴 그림자가 넘어간다 인생의 찬밥 한 그릇 얻어먹은 예수의 등 뒤로 재빨리 초승달 하나 떠 오른다 고통 속에 넘치는 평화, 눈물 속에 그리운 자유가 있었을까 서울의 빵과 사랑과, 서울의 빵과 눈물을 생각하며 예수가 홀로 담배를 피운다 사랑의 이슬로 사라지는 사람을 보며, 사람들이 모래를 씹으며 잠드는 밤 낙엽들을 떠나기 위하여 서울에 잠시 머물고, 예수는 절망의 끝으로 걸어간다

3
목이 마르다 서울이 잠들기 전에 인간의 꿈이 먼저 잠들어 목이 마르다 등불을 들고 걷는 자는 어디 있느냐 서울의 등길은 보이지 않고, 밤마

다 잿더미에 주저 앉아서 겉옷만 찢으며 우는 자여 총소리가 들리고 눈이 내리더니, 사랑과 믿음의 깊이 사이로 첫눈이 내리더니, 서울에서 잡힌 돌 하나, 그 어디 던질 데가 없도다 그리운 사람 다시 그리운 그대들은 나와 함께 술잔을 들라 눈 내리는 서울의 밤하늘 어디에도 내 잠시 머리 둘곳이 없나니, 그대들은 나와 함께 술잔을 들고 어둠속으로 이 세상 칼끝을 피해 가다가, 가슴으로 칼끝에 쓰러진 그대들은 눈 그친 서울 밤의 눈길을 걸어가라 아직 악인의 등불은 꺼지지 않고, 서울의 새벽에 귀를 기울이는 고요한 인간의 귀는 풀잎에 젖어 목이 마르다 인간이 잠들기 전에 서울의 꿈이 먼저 잠이 들어 아, 목이 마르다

4
사람의 잔을 마시고 싶다 추억이 아름다운 사람을 만나, 소주잔을 나누며 눈물의 빈대떡을 나눠 먹고 싶다 꽃잎 하나 칼처럼 떨어지는 봄날에 풀잎을 스치는 사람의 옷자락 소리를 들으며, 마음의 나라보다 사람의 나라에 살고 싶다 새벽마다 사람의 등불이 꺼지지 않도록 서울의 등잔에 홀로 불을 켜고 가난한 사람의 창에 기대어 서울의 그리움을 그리워하고 싶다

5
나를 섬기는 자는 슬프고, 나를 슬퍼하는 자는 슬프다 나를 위하여 기뻐하는 자는 슬프고, 나를 위하여 슬퍼하는 자는 더욱 슬프다 나는 내 이웃을 위하여 괴로워하지 않았고, 가난한 자의 별들을 바라보지 않았나니, 내 이름을 간절히 부르는 자들은 불행하고, 내 이름을 간절히 사랑하는 자들은 더욱 불행하다

- 정호승의 '서울의 예수' (1995년) -

문재인 대통령은 2016년 크리스마스이브 날 촛불집회가 한창일 때 트위터에 정호승 시인의 '서울의 예수'라는 시 일부를 올렸다. 문재인 대통령은 그 날 트위터에 다음과 같은 글을 남겼다.

촛불을 든 백만의 예수를 보았습니다.
이웃과 함께 사랑을 실천하는 사람들,
추위 속에서 세상을 밝히는 사람들,
국민들 모두 이 시대의 예수입니다.

작은 촛불 속에 사람 사랑이 담겼습니다.
예수가 사랑으로 우리에게 남긴 세상은
사람을 먼저 생각하는 세상이라 믿습니다.
즐거운 성탄절을 기원하며

정호승 시인의 '서울의 예수' 한 구절을 인용합니다.

사람의 잔을 마시고 싶다
추억이 아름다운 사람을 만나,
소주잔을 나누며 눈물의 빈대떡을 나눠 먹고 싶다
꽃잎 하나 칼처럼 떨어지는 봄날에
풀잎을 스치는 사람의 옷자락 소리를 들으며,
마음의 나라보다 사람의 나라에 살고 싶다
새벽마다 사람의 등불이 꺼지지 않도록
서울의 등잔에 홀로 불을 켜고 가난한 사람의 창에 기대어
서울의 그리움을 그리워하고 싶다

문재인 대통령이 2012년에 출간한 책명도
 '사람이 먼저다' 이고,
2017년 5월 15일 스승의 날
어린이에게 사인해준 글귀도
 '사람이 먼저다' 이다.

사람이 먼저인 나라가 나라다운 나라이다.
더불어 사는 세상이 더불어 행복한 세상이다.
문재인 대통령은 오직 국민의 행복만을 생각하는
우리들의 대통령으로 남기를 소망한다.
그래서 문대통령께서 취임사에서 언급하셨던 바와 같이
우리 국민 모두의 자랑으로 남기를 기원하고 기원한다.

문재인
3시간·

촛불을 든 백만의 예수를 보았습니다.
이웃과 함께 사랑을 실천하는 사람들,
추위 속에서 세상을 밝히는 사람들,
국민들 모두 이 시대의 예수입니다.

작은 촛불 속에 사람 사랑이 담겼습니다.
예수가 사랑으로 우리에게 남긴 세상은
사람을 먼저 생각하는 세상이라 믿습니다.

즐거운 성탄절을 기원하며
정호승 시인의 '서울의 예수' 한 구절을 인용합니다.

사람의 잔을 마시고 싶다.
추억이 아름다운 사람을 만나,
소주잔을 나누며 눈물의 빈대떡을 나눠먹고 싶다.
꽃잎 하나 칼처럼 떨어지는 봄날에 풀잎을 스치는 사람의
옷자락 소리를 들으며,
마음의 나라보다 사람의 나라에 살고 싶다.
새벽마다 사람의 등불이 꺼지지 않도록 사람의 등잔에 홀
로 불을 켜고
가난한 사람의 창에 기대어 서울의 그리움을 그리워하고
싶다.

12 달빛기도

안녕하세요, 국민 여러분.
문재인입니다.
한가위가 다가옵니다.
올 한가위는 여성과 남성이 모두 함께 즐거우면 좋겠습니다.
어르신이 젊은이들에게 "못 해도 괜찮다"
젊은이가 어르신들에게 "계셔주셔서 힘이 납니다"
서로 진심을 나누는 정겨운 시간을 보내면 좋겠습니다.
긴 연휴에도 국민이 안전하고 편하게 쉴 수 있도록
각자의 자리에서 열심히 일하시는 분들께도 깊이 감사드립니다.
국민 여러분과 함께 이해인 수녀님의 시
'달빛기도'를 읽고 싶습니다.

너도 나도
집을 향한 그리움으로
둥근 달이 되는 한가위

우리가 서로를 바라보는 눈길이
달빛처럼 순하고 부드럽기를

우리의 삶이
욕심의 어둠을 걷어내
좀 더 환해지기를
모난 미움과 편견을 버리고
좀 더 둥글어지기를
두 손 모아 기도하려니

하늘보다 내 마음에
고운 달이 먼저 뜹니다.
한가위 달을 마음에 걸어두고
당신도 내내 행복하세요, 둥글게!

국민 여러분, 추석 내내 온 집안이
보름달 같은 반가운 얼굴들로 환하기를 기원합니다.
감사합니다.

2017년 10월 1일 문재인 대통령님 추석 영상인사 전문이다.
대통령님 바람대로 올 추석 내내 온 집안이
보름달 같은 반가운 얼굴들로 환하기를 기원한다.
이해인 수녀님 달빛기도대로 한가위 달을 마음에 걸어두고
당신도 내내 행복하길 기원한다.
우리 그렇게 서로가 서로의 행복을 기원하며 살자.

13 오늘 또 가지 않을 수 없던 길

가지 않을 수 있는 고난의 길은 없었다
몇몇 길은 거쳐 오지 않았어야 했고
또 어떤 길은 정말 발 디디고 싶지 않았지만
돌이켜 보면 그 모든 길을 지나 지금
여기까지 온 것이다
한 번쯤은 꼭 다시 걸어보고 픈 길도 있고

아직도 해거름마다 따라와
나를 붙잡고 놓아주지 않는 길도 있다
그 길 때문에 눈시울 젖을 때 많으면서도
내가 걷는 이 길 나서는 새벽이면
남모르게 외롭고

돌아오는 길마다 말하지 않은
쓸쓸한 그늘 짙게 있지만
내가 가지 않을 수 있는 길은 없었다
그 어떤 쓰라린 길도
내게 물어오지 않고 같이 온 길은 없었다

그 길이 내 앞에 운명처럼
패여 있는 길이라면
더욱 가슴 아리고 그것이
내 발길이 데려온 것이라면
발등을 찍고 싶을 때 있지만
내 앞에 있던 모든 길들이 나를 지나
지금 내 속에서 나를 이루고 있는 것이다

오늘 아침엔 안개 무더기로 내려
길을 뭉턱 자르더니
저녁엔 헤쳐 온 길 가득 나를 혼자 버려둔다
오늘 또 가지 않을 수 없던 길
오늘 또 가지 않을 수 없던 길

도종환 시인의 '가지 않을 수 없었던 길'이란 시다.
김명수 대법원장에 대한 국회 임명동의안이
298표 중 찬성 160표로 가결되었다.
김명수 대법원장이 춘천지방법원장 이임하는 날
별도의 이임식 없이 법원 현관에서
직원들과 기념사진을 찍은 뒤이 시를 언급하며
이임인사를 대신했다고 한다.

이제 김명수 대법원장은 '가지 않을 수 없는 길'을 가게 되었다.
부디 김병로 대한민국 초대 대법원장이 가신 길을 가고,
국민을 위한 사법부를 만들어 주시기를 기대하고 소망한다.

법관은 최후까지 오직 정의의 변호사가 되어야 한다.
- 김병로 대한민국 초대 대법원장 퇴임사 -

14 임을 위한 행진곡

사랑도 명예도 이름도 남김없이
한평생 나가자던 뜨거운 맹세
동지는 간데없고 깃발만 나부껴
새날이 올 때까지 흔들리지 말자

세월은 흘러가도 산천은 안다
깨어나서 외치는 뜨거운 함성
앞서서 나가니 산자여 따르라
앞서서 나가니 산자여 따르라

임을 위한 행진곡은 5·18 당시 전남도청에서 숨진 윤상원과
들불야학의 선생으로 숨진 박기순의 영혼결혼식을 위해
1981년 5월 재야운동가 백기완의 미발표 장시(長詩)
'묏비나리'(1980)의 한 부분을 차용하여
소설가 황석영이 가사를 짓고,
전남대 출신으로 대학가요제에서 수상한 바 있는 김종률이 작곡한
대한민국의 가장 대표적인 민중가요이다.

윤상원, 박기순을 위한 노래극 넋풀이에 들어있는
임을 위한 행진곡은 1982년부터 녹음되어 대중에게 배포되었으나,
신군부를 피해 노래극을 공연하는 것은 불가능했다.
그렇게 1980년대 금지곡으로 지정되어 조금씩 구전되다가
1991년 '노래를 찾는 사람들'의 3집 음반에서
처음으로 정식 녹음되었다.

1983년부터 5·18 민주화운동 기념식에서 제창했고,
1995년 5·18민주화운동 등에 관한 특별법이 제정된 이후
1997년부터 2008년까지 정부 주관 공식기념식에서 제창했다. 그런데
2009년 이명박 정부가 5·18 민주화운동 기념식에서
임을 위한 행진곡을 제창(齊唱) 대신
합창으로 바꾸어 큰 논란이 되어 왔다.
2017년 5월 12일 문재인 대통령은 5·18 민주화운동 기념식에서
임을 위한 행진곡의 제창을 지시했다.

오늘은 5·18 민주화운동 37주년이다.
문재인 대통령을 포함한 참석자들 모두가
임을 위한 행진곡을 제창하는 모습을 보는 것만으로도 감격스럽다.
나도 1980년대 대학 다니던 시절로 돌아가 임을 위한 행진곡을 불러 본다.
역사는 나아가야 하고, 노래는 계속되어야 한다.
민주주의는 그냥 주어지는 것이 아니다.
나라는 저절로 굴러가는 것이 아니다.
우리 조국 대한민국은 우리가 지켜야 한다.

15 기꺼이 거름이 되어 주자

바쁘게 살아온 당신의 젊음에
의미를 더해줄 아이가 생기고
그날에 찍었던 가족사진 속의
설레는 웃음은 빛바래 가지만

어른이 되어서 현실에 던져진
나는 철이 없는 아들이 되어서
이 곳 저 곳에서 깨지고 또 일어서다
외로운 어느 날 꺼내본 사진 속 아빠를 닮아있네

내 젊음 어느새 기울어 갈 때쯤
그제야 보이는 당신의 날 들이
가족사진 속에 미소 띈 젊은 아가씨의
꽃피던 시절은 나에게 다시 돌아와서

나를 꽃 피우기 위해 거름이 되어버렸던
그을린 그 시간들을 내가 깨끗이 모아서

당신의 웃음 꽃 피우길
피우길 피우길 피우길

이수성결교회 금요기도회 때 김영대 전도사께서
'거름이 되어버린' 이라는 주제의 설교말씀 중에
김진호의 '가족사진'이라는 노래 영상을 보여주었다.
우리 부모는 자식들을 위해 거름이 되었고,
예수님은 우리를 위해 거름이 되었다는 말씀을 주셨다.
'가족사진' 노래를 들으면서 참 많이 울었다.
나를 꽃 피우기 위해 거름이 되어버린 부모님을 생각하니
한없이 감사하고 미안한 마음이 들었다.
기꺼이 거름이 되어 주자.
사랑하는 사람들 웃음꽃을 피우게 하자.
나의 부모님이 그러했듯이 …

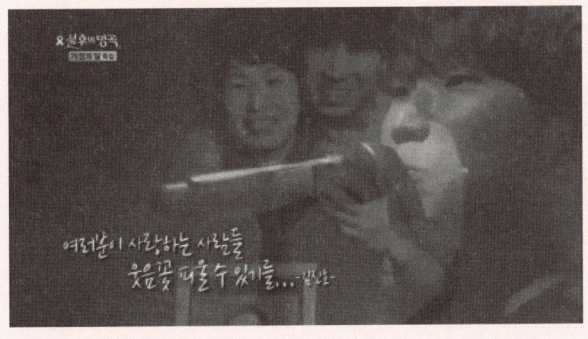

16 내 인생은 나의 것

내 인생은 나의 것
내 인생은 나의 것
그냥 나에게 맡겨 주세요

내 인생은 나의 것
내 인생은 나의 것
나는 모든 것 책임질 수 있어요

사랑하는 부모님
부모님은 나에게 너무도 많은 것을 원하셨어요
때로는 감당하기 어려웠지만 따라야 했었지요

가지 말라는 곳엔 가지 않았고
하지 말라는 일은 삼가 했기에
언제나 나는 얌전하다고 칭찬받는 아이였지요

그것이 기쁘셨나요
화초처럼 기르시면서
부모님의 뜻대로 된다고 생각하셨나요

그러나 이젠 말하겠어요
부모님은 사랑을 다 주셨지만
나는 아직도 아쉬워하는데

이렇게 그늘진 나의 마음을
그냥 버려두지 마세요

내 인생은 나의 것
내 인생은 나의 것
그냥 나에게 맡겨 주세요

내 인생은 나의 것
내 인생은 나의 것
나는 모든 것 책임질 수 있어요

부모님이 부모님이 살아오신 그 길이
나의 인생은 될 수 없어요
시대는 언제나 가고
가는 것 모든 것은 달라졌어요

부모님의 어린 시절을
다시 한번 돌아보세요
그때는 아쉬운 마음이 없으셨나요

나는 이미 알고 있어요
부모님이 말하는
그 모든 것이 사랑인줄을 나는 알아요
그러나 내가 원하는 것도 부모님은 알아주세요

내 인생은 나의 것
내 인생은 나의 것
그냥 나에게 맡겨 주세요

내 인생은 나의 것
내 인생은 나의 것
나는 모든 것 책임질 수 있어요

내가 젊은 시절 자주 들었던 민해경과 김현준의
'내 인생의 나의 것' 노래가사이다.
최근에 고등학교 1학년 아들이 위 노래가사와 같은 내용의 문자를
아내에게 보낸 적이 있다.
그래서 아내도 나도 참 마음이 많이 상했다.
나는 중학교 때부터 법조인의 길을 가고자 했고,
내 뜻대로 나는 그 길을 가고 있다.
아내도 본인이 원했던 의사의 길을 가고 있다.
나와 아내는 각자 자기가 원했던 길을 가고 있기 때문에
위 노래가사와 같은 갈등은 없었다.

그런데 지금 나와 아내는 은근히 딸과 아들에게
우리가 간 길들을 강요하고 있다.
아이들이 공부를 안하고 있으면 속이 터질 것 같다.
의사와 법조인의 길을 가려면,
그렇게 공부해서는 안 된다는 것을 알기 때문에 …

그런데 과연 그렇게 우리 아이들이

엄마아빠와 똑같은 길을 가는 것이
정말 우리 아이들에게 행복한 삶일까?
막연한 부모의 걱정과 염려 아닐까?
분명 공부가 인생의 전부는 아니지 않는가?
지금 딸과 아들은 나름대로 갈등하고 고민하면서
자신의 인생을 치열하게 살고 있을텐데…

오늘 아침 이 노래를 들으면서 나 자신을 반성해 본다.
하나님이 주신 귀한 딸, 아들 그만 괴롭히자.
우리 아이들이 스스로 아름다운 인생의 노래를 만들어 갈 수 있도록
그들이 만든 아름다운 노래를 마음껏 부를 수 있도록 해주자.

은혜 은철아! 사랑하고 축복한다.
강요쟁이 엄마아빠를 용서해다오.

삶의 의미는 바윗돌처럼 이미 그 자리에 놓여 있는 것이 아니라
노래처럼 그대가 직접 작곡하고 불러야 하는 것이다.
- 오쇼 라즈니쉬의 '이해의 서' 중에서 -

17 Bravo my life

해 저문 어느 오후 집으로 향한 걸음 뒤엔
서툴게 살아왔던 후회로 가득한 지난 날
그리 좋지는 않지만 그리 나쁜 것만도 아니었어

석양도 없는 저녁 내일 하루도 흐리겠지
힘든 일도 있지 드넓은 세상 살다보면
하지만 앞으로 나가 내가 가는 곳이 길이다

Bravo Bravo my life 나의 인생아
지금껏 달려온 너의 용기를 위해
Bravo Bravo my life 나의 인생아
찬란한 우리의 미래를 위해

내일은 더 낫겠지 그런 작은 희망 하나로
사랑할 수 있다면 힘든 1년도 버틸 거야
일어나 앞으로 나가 네가 가는 곳이 길이다

Bravo Bravo my life 나의 인생아
지금껏 살아온 너의 용기를 위해
Bravo Bravo my life 나의 인생아
찬란한 우리의 미래를 위해

고개 들어 하늘을 봐 창공을 가르는 새들
너의 어깨에 잠자고 있는
아름다운 날개를 펼쳐라

Bravo Bravo my life 나의 인생아
지금껏 달려온 너의 용기를 위해
Bravo Bravo my life 나의 인생아
찬란한 우리의 미래를 위해

Bravo Bravo my life 나의 인생아
지금껏 달려온 너의 용기를 위해
Bravo Bravo my life 나의 인생아
찬란한 우리의 미래를 위해

(Bravo Bravo) 나의 인생아 지금껏
달려온 너의 용기를 위해 Bravo
Bravo my life 나의 인생아 찬란한
우리의 미래를 위해

요즘 장안의 화제가 되고 있는 KBS2 수목 드라마 '김과장'에서
추남호 경리부장(김원해 역)이 기러기아빠로 나오는데,
그가 유학 가 있는 딸과 통화할 때 주로 나오는 노래이다.
이 노래를 듣고 있으면 저절로 눈물이 나온다.
삶이라는 무거운 짐을 지고 살아가는 우리들에게
용기와 희망을 주는 노래이다.

힘들고 또 힘들겠지만 앞으로 나가자.
어서 일어나 앞으로 나가자.
내가 가는 곳이 길이다.
Bravo Bravo my life 나의 인생아
찬란한 우리의 미래를 위해!!

18 이화동 벽화마을

우리 두 손 마주잡고 걷던 서울 하늘 동네
좁은 이화동 골목길 여긴 아직 그대로야
그늘 곁에 그림들은 다시 웃어 보여줬고
하늘 가까이 오르니 그대 모습이 떠올라
아름답게 눈이 부시던 그 해 오월 햇살
푸르게 빛나던 나뭇잎까지 혹시 잊어버렸었니?
우리 함께 했던 날들 어떻게 잊겠니?
아름답게 눈이 부시던 그 해 오월 햇살
그대의 눈빛과 머릿결까지 손에 잡힐 듯 선명해
아직 난 너를 잊을 수가 없어
그래, 난 너를 지울 수가 없어 ..

이화동 마을을 배경으로 한 '이화동'이라는 노래이다.
연인들이 추억을 쌓기에 참 좋은 곳이다.
5월 지금은 넝쿨장미꽃이 곳곳에 아기자기하게 피어 있다.

2015년 가을 반포중 부자유친에서 주관한
아들들과 아빠들이 함께하는 이화동 벽화마을

(또는 '이화동 성곽마을'이라고도 한다) 문화탐방 행사에
아들과 함께 다녀온 적이 있다.
그 때 이후 나는 이화동 벽화마을의 매력에 푹 빠져
지금은 마을의 홍보대사가 되었다.

이 마을은 쇳대박물관 최홍규 관장께서
2010년부터 많은 사비를 들여 마을을 다듬고 있는데,
나의 아버지 세대의 흔적이 남아 있고,
찐한 사람냄새가 묻어나는 참 정겨운 마을이다.
나는 사계절 모두 마을을 가봤는데, 모두 좋다.

나는 지난 2016년 11월에 이 마을에서
열 한분의 마을 주민들과 방문객 일곱 분을 모셔놓고,
'행복한 동행'이라는 주제로 강의도 했었다.
특히 그 날 강의 후 갑자기 내린 비 때문에 난감했는데,
마을 어른 한 분이 방문한 7명을 위해 우산을 4개나 준비해 주셔서,
그 사랑의 우산을 쓰고 마을을 내려왔던 기억이 있다.
또한 같은 해 12월에도 법무법인 서호 가족들과 함께
같은 장소에서 같은 강의를 하면서
잊지 못할 송년회 행사를 갖기도 했다.

동대문역 쪽에서 출발해도 되고, 혜화역 쪽에서 올라가도 된다.
마을 내 가게에서 옛날 교복을 빌려주는 곳이 있는데,
70~80년대 교복을 입고,
고등학교 시절의 추억을 만나 보는 것은 덤이다.
백문이 불여일견(百聞不如一見)이다.

19 영화 '노무현입니다'

혼자 영화 '노무현입니다'를 보고 나왔다.
원래 나는 영화 보면서 많이 우는 편이다.
우는 장면만 봐도 운다.
그래서 나는 가끔 주위 사람들로부터
김양홍 이름 끝자 홍을 따서 '홍언니'로 불린다.
내 옆 자리에 앉은 아가씨도 혼자 왔는데,
시종일관 흐느꼈다.
영화 끝나고 보니 그 아가씨의 눈물을 닦은
휴지가 한주먹이나 되었다.
영화 보면서 팝콘과 콜라를 먹을 수도 없었다.
나도 그 아가씨 따라 덩달아 울기는 했지만,
그렇게 많이 울지는 않았다.
첫 노풍을 일으켜준 광주시민이 자랑스럽고,
바보 노무현을 이 나라의 대통령으로 뽑은
위대한 대한민국의 한 국민이라는 것이
너무나 자랑스러웠기 때문이다.
그리고 촛불집회를 통해 나라를 바꾸고,
제2의 노무현을 만들어준 우리 조국 대한민국 국민이

한없이 자랑스럽다.
이 땅의 수많은 노무현의 사람들이 있는 한,
사람 사는 세상,
나라다운 나라는 지속될 것이다.

우리 아이들에게는 정의가 승리한다는 역사를,
착한 사람이 이긴다는 믿음을 물려줍시다.
- 노무현 대통령 2002년 대선후보 수락 연설 -

20 영화 '판도라'와 하승수 변호사의 탈핵 강의

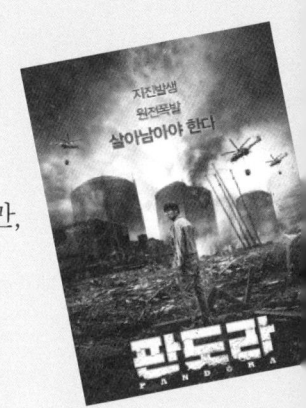

주말에 아내와 함께 영화 판도라를 관람했다.
4년 간의 기획으로 탄생한 국내 최초 원전 재난 영화이지만,
영화 내용이 모두 지금 벌어지고 있는 현실을
그대로 반영하고 있는 듯 했다.

역대 최대 규모의 강진에 이어
원자력발전소 폭발사고까지 예고 없이 찾아 온 재난 앞에
우리나라 정부는 무능의 극치를 달린다.
사고는 정부가 치고, 수습은 국민이 한다.

그리고 이 영화를 보면서 울지 않은 사람은 사람이 아니다.
나도 아내도 얼마나 울었는지 모른다.
우리나라가 이 영화를 통해 탈핵(탈원전)의 길을 가기를 소망한다.
주인공 강재혁 역을 맡은 김남길이 한 말이 가슴을 찌른다.

"무섭다고 눈감지 말고, 겁난다고 귀 막지마라!"
"배부르고 잘사는 것 보다 조금 배고프더라도
안전한 게 낫지 않겠습니까?"

아래 글은 내가 하승수 변호사가 2015년도에
서울대 공익인권법센터에서 한 "탈핵(탈원전), 가야 할 길"
강의 내용을 정리한 것이다.

나는 녹색당 공동운영위원장인 하승수 변호사의
《탈핵(탈원전), 가야 할 길》이라는 강의를 듣고,
너무나 큰 충격에 빠졌다.
나는 평소 '왜 원전을 반대하지? 원전을
반대하면 공해물질이 많이 나오는 화력발전소를 더 지어야 할텐데…
전기공급을 못해서 블랙아웃이 되면 우리 사회가 마비가 될텐데…
밀양 송전탑 건립을 왜 반대하지?
생산한 전기를 공급하지 못하게 하면
어떻게 하라는 것이지…'라고만 생각했었다.
그래서 "원전은 필요악이고,
송전탑은 당연히 건립되어야 한다"라고 생각했다.
그러나 나의 생각은 틀렸다.
아래에서 하승수 변호사의 강의내용과
'원전없는 세상을 가능하다'라는 하승수 변호사 글을 토대로
탈핵 강의내용을 정리한다.

1. 핵발전을 반대하는 이유

가. 안전하지 않다

전세계적으로 지금까지 건설된 원전 577기 중
6기에서 대형사고가 발생했다.
전남 영광이나 경북 울진에 있는 원전에서 사고가 나면

서울 사람들도 무사하지 못한다.
"바람을 타고 날아가는" 방사능은
1,000km 떨어진 지역까지 오염시킬 수 있다.
우리나라에서 안전한 곳은 없다.
우리나라는 현재 25개 원전이 있고,
이미 핵발전 밀집도 세계 1위이다.
※ 영광원전 사고시 200km(서울)까지 영향, 85만명 사망, 피해액 628조원

나. 비윤리적이다(사용후 핵연료, 원전처분 부담을 뒷 세대에게 떠넘긴다)

원전도 언젠가는 폐쇄해야 한다.
발전에 쓰고 난 '사용후 핵연료'는
최소 10만년 이상을 안전하게 보관해야 하는 위험물질이다.
우라늄도 지하자원이라 고갈될 수밖에 없다.
지금의 어린이와 청소년, 미래 세대는
원전에서 생산된 전기는 써보지도 못하고,
폐쇄된 원전과 사용후 핵연료 처리 부담만 떠안게 될 가능성이 높다.

다. 발전소 해체비용, 핵폐기물 20만년 보관비용을 따지면
경제적이지도 않다

원전 1개 해체하는데 15년~60년이 걸리고,
1조 가량의 해체비용이 소요된다.
우리나라는 원전 해체경험도 없다.
'사용후 핵연료'에는 플루토늄을 비롯한
방사능 물질이 대량으로 존재한다.
플루토늄은 방사능이 반으로 줄어드는 반감기가
24,000년에 달하는 물질이다.

그래서 '사용후 핵연료'는
최소 10만년, 20만년 이상을 안전하게 보관해야 한다.
후쿠시마 이후 일본 정부가 운영한
'발전단가 검증위원회'의 검증결과에 따르면,
2010년 기준으로 원자력발전 단가는 kWh당 8.9엔 이상으로,
석탄 화력 9.5엔, LNG화력 10.7엔과 비슷한 수준이었다.

라. 외국의 사례를 보면 핵발전에 의존하지 않는 지속가능한 삶이 가능하다

세계에서 원전을 가동 중인 나라는 34개에 불과하다.
독일도 1991년 전기생산의 27.3%를 핵발전에 의존했는데,
2000년에 핵발전을 단계적으로 폐기하는 결정을 내렸고,
2011년에 그 결정을 다시 확인하고,
2022년까지 원전을 완전히 중단할 예정이다.
일본도 2011년 후쿠시마 원전사고 이후 54개 원전이 모두 멈췄지만
전기를 잘 쓰고 있다.

2. 원전은 화장실 없는 맨션이다

'사용후 핵연료'란 원전에서 발전에 사용하고 난 연료봉으로
고준위폐기물로 분류된다.
이 사용후 핵연료 때문에 원전은
'화장실 없는 맨션'이라는 비판을 받는다.
사용후 핵연료를 처리할 마땅한 대책이 없기 때문이다.
현재까지 생각해 낸 사용 후 핵연료 처리방법은
지하 깊숙이 묻는 방법밖에 없다.
그래서 핀란드에서는 10만 년짜리 보관창고를 짓고 있다.

온칼로(Onkalo)라고 불리는 이 핵폐기물처분장은
지하 500m까지 굴을 파고 사용 후 핵연료를 넣고 묻으려는 것이다.
인류의 역사에 비해 10만년이라는 시간은
가늠할 수 없을 정도로 긴 시간이다.
인류가 만든 오래된 건축물의 역사도 길어야 몇 천년에 불과하다.
그런데 사용후 핵연료를 처리하려면
최소 10만 년짜리 창고를 지어야 하는 것이다.
그런데 이 사용후 핵연료 문제를 덮기 위해
원전 확대세력은 이를 재처리(재활용) 하려고 한다.
그러나 지금 하는 재처리로는 양이 줄어들 뿐이지
10만 년 이상 보관해야 하는 문제는 여전히 남는다.
답이 없는데도 원전을 늘리는 것은 무책임한 일이다.
지금도 고리, 월성, 영광, 울진의 원전 안에는
13,000톤이 넘는 사용후 핵연료가 임시 저장되어 있다.
정부는 임시 저장고가 포화상태라면서
서둘러 대책을 내놓아야 한다고 얘기한다.
그런데 정부가 얘기하는 대책이라는 것이 60년 정도를 보관할
'중간저장시설'을 짓겠다는 것이다.
10만 년 이상을 보관해야 하는 것이 사용후 핵연료인데,
고작 60년을 보관하자고 새로운 시설을 짓는다는 것이 말이 되는가?
한편 경주에는 상대적으로 방사능이 약한
중,저준위 핵폐기물(원전에서 작업한 작업자가 입은 옷,
장갑, 낡아서 교체한 원전부품 등) 처분장을 짓고 있다.
이 중,저준위 핵폐기물 처분장은
300년 정도 보관하는 것을 목표로 하고 있는데,
문제는 부지 선정을 엉터리로 했다는 것이다.

지하수가 엄청 나오는 연약한 지반의 땅을 부지로 선정했다.
그래서 공사는 많이 지연되었고,
공사가 끝나도 방사능이 유출되어
지하수가 오염될 가능성이 있다는 지적이 나오고 있다.

3. 원전 주변 지역 주민들은 직접적인 피해자이다

보상금을 받는다고 찬성하는 주민들도 있지만,
그 땅에 계속 살아야 하는 주민들은 반대할 수밖에 없다.
사고 위험도 문제이지만,
원전 주변 지역 주민들의 암 발생률이 높다는 것도 문제이다.
원전에서 전기소비지까지 전기를 송전하기 위해 초고압 송전선을 짓는다.
고리-신고리 원전 단지에서 생산될 전기를 송전하겠다며
건설 중인 신고리-북경남 756kV 송전선 때문에
경남 밀양의 할머니, 할아버지들이 8년째 고통을 겪고 있다.
원전은 송전단계에서도 시골 주민들에게 피해를 준다.
756kV 송전은 너무 전압이 높고,
전자파가 많이 나오기 때문에
미국과 한국(당진화력발전소-서산-안성-가평-태백)에만
있는 송전선이다.

4. 기후변화의 대안이 원전?

IEA(국제에너지기구) 2012년 통계에 의하면,
온실가스 배출 상위 10개국 중 1위 중국, 3위 인도, 7위 한국인데,
3개국 모두 원전을 증설한 국가들이다.

온실가스 배출량(단위 : 백만톤 CO_2eq)은
중국이 1990년 2,244, 2010년 7,259(223% 증가),
인도가 1990년 582, 2010년 1,625(179% 증가),
한국이 1990년 229, 2010년 563(146%)이다.
이에 반해 원전을 단계적으로 줄이고 있는
독일은 1990년 950, 2010년 761로
무려 온실가스 배추량이 20%나 줄었다.
기후변화의 대안은 원전 가동이 아니라 폐기다.

5. 우리나라 석탁확력발전소 53기, 20기 이상 증설 예정

우리나라 석탄화력발전소는 이미 53기가 건설되어 있고,
앞으로 20기 이상 증설예정이다.
석탄화력발전소는 온실가스를 많이 배출하고
미세먼지와 초미세먼지가 많이 나오는데,
우리나라 초미세먼지 권고기준은 WHO 권고기준보다 2배 높고,
그 측정기가 모두 건물 옥상에 위치하고 있어
그 측정치조차 믿을 수 없다.
현재 우리나라는 "전기소비 증가 → 공급확대
→ 원전과 석탄화력발전소 증설" 순으로 악순환하고 있다.
우리나라 1990년 1인당 전기소비량이 2,202kWh였는데,
2010년에는 8,883kWh로 4배 이상 증가했다.
산업용 전기를 너무 싸게 공급하는 바람에
그 사용량이 엄청나게 늘어난 것이다.
이에 반해 독일은 전기소비가 늘어나지 않아
자연스레 온실가스를 줄일 수 있었다.

6. 발전소가 남아 돈다

2015년 여름 전력피크일도 전력예비율이 16.5%로
12년만에 최고치를 찍었다.
정부의 제7차 전력수급기본계획(2015~2029)에 의하더라도,
연도별 전력수급 전망을 보면 2015년 12.1%,
2022년 27.7%, 2029년 21.6%인데,
전망치 도표를 보면 최대전력 예상치는
2015년 82,478MW, 2022년 101,849MW, 2029년 111,929MW로
매년 전기소비가 증가한 것을 예정하고 계획을 수립하고 있다.
그런데 최근 전력수요 추이를 보면 전력판매량 증가율이
2002년 8.0%, 2010년 10.1% 정점을 기록한 이래
2014년에는 0.6%로 대폭 감소하고 있다.
"전기는 저장할 할 수 있는 것이 아니기 때문에"
최대로 많이 쓸 때를 기준으로 발전소를 짓는데,
전력담당 CEO에게 보고한 보고서에서도
적정 설비예비율을 12%로 잡고 있다.
그런데 정부계획에는 매년 소비가 증가하는 것으로 예상하고,
설비 예비율도 27.7%로 높게 잡고,
계속 원전과 석탄화력발전소를 짓고 있는 것이다.

7. 모두가 이렇게 사는 것은 아니다

덴마크는 1980년대 원전을 하지 않기로 결정했고,
오스트리아는 1978년 원전을 할지 말지 국민투표를 했는데,
0.9% 차이 반대로 원전을 가동하지 않고 있다.

고도로 산업화된 독일도 원전을 하다가 중단하기로 했고,
일본도 후쿠시마 원전 사고 이후
전기의 27%를 차지한 54개의 원전이 멈췄지만, 사회가 유지되고 있다.

8. 각국의 재생에너지 비중

각국의 재생가능에너지 비중을 보면,
오스트리아 68.%, 덴마크 32.0% 등 세계평균치가 20.0%인데,
우리나라는 1.9%밖에 되지 않는다.
오스트리아는 댐건설하지 않고
강물이 흘러가는 힘으로 발전하는 전압차 터빈을 개발하기도 했다.

9. 대안은 있다

원전과 석탄화력발전소, 초고압송전탑 건설이 아니라
전력수요를 적절히 관리하고,
재생가능에너지, 과도기적으로 가스/열병합발전을 확대하고,
에너지 과다 소비 기업들은 자가 발전을 확대하면 된다.
재생가능에너지발전소를 해당 지역에 지으면 송전선을 안지어도 된다.
경기도는 2020년까지 7,000억원을 투자하여
에너지자립도를 70%로 확대하겠다는
'경기도 에너지비전 2030선포식'을 가진 바 있다.
물론 당장 원전을 전부 멈추면 여러 부작용이 있을 수 있다.
그래서 차츰 줄여가자는 것이다.
2013년 세계핵산업동향보고서에 의하면 전 세계 전력생산에서
원전이 차지하는 비중은 7%로 떨어졌다(2012년 기준).

이것은 2011년의 11%보다 4% 떨어진 것이다.
현재 14개 국가에서 신규 원전이 건설되고 있지만,
기존에 원전이 없던 국가로서 새롭게 원전에 뛰어든 경우는
아랍에미리트(UAE)가 유일하다.
UAE는 이명박 정부시절에 우리나라가 원전을 수출한 국가이다.
반면 재생가능에너지는 비약적인 성장을 거듭하고 있다.
중국, 독일, 일본, 인도는 이제 원전에서 얻는 전기보다
재생가능에너지에서 얻는 전기가 더 많아졌다.
2012년에 재생가능에너지에 대한 투자는
세계적으로 2,680억 달러에 달했다.
2004년과 비교하면 5배나 늘어난 수치이다.
가장 큰 투자처인 중국은 650억 달러를 투자했고,
일본도 76% 늘어난 160억 달러를 투자했다.
2000년 이후 세계적으로 육상풍력의 설비용량은 27% 증가하였고,
태양광도 42%씩 증가하고 있다.
물론 전력수요가 계속 늘어나면
재상가능에너지로도 감당하기 어려울 것이다.
그렇지만 전력수요를 잘 관리하고 줄여나가면,
원전은 없앨 수 있고 날로 발전하고 있는
재생가능에너지가 이를 대체할 수 있다.
"독일은 에너지 전환의 과정에서
무려 36만개의 새로운 일자리가 생겼다."

10. 문제는 정치다

신형 원전은 1기에 4조원에 육박하는 건설비용이 들고,

최근 석탁화력발전소는 대기업들이 짓고 있다.
전기를 생산할 때 원전이 싸다는 이유로 원전부터 가동하고,
그 다음 순서는 석탄화력발전소이다.
같은 화력발전이라도 액화천연가스(LNG) 발전은
단가가 비싸다는 이유로 후순위로 밀린다.
LNG발전소 온실가스 배출량은 석탄화력발전소의 40%에 불과하다.
감사원 감사결과 2008년부터 2011년까지
기업들이 산업용 전기를 싸게 써서 얻은 이익은 5조23억원이다.
우리나라 산업용 전기요금을 100이라고 할 때에
독일은 214, 일본은 244이다.
1년에 송전, 변전 건설비만 2조원이 넘는다.

11. 탈핵과 기후변화 대응을 위해 반드시 관철해야 할 정책

① 산업용전기요금 최소 50% 이상 단계적으로 현실화.
- 50% 인상하더라도 독일, 일본보다 싸다.
② 재상가능에너지 전면 지원
- 발전차액지원제도(전기 고정가격 일정하게 보장)
③ 신규 핵발전소, 석탄화력발전소, 송전선에 대한 재검토

12. 탈핵의 두가지 정치적 경로

가. 국민투표

오스트리아는 1978년 핵발전소 1기를 완공하고도
국민투표로 가동하지 않기로 결정했고,
이탈리아는 2차례 국민투표로 탈핵했다.

※ 우리나라 헌법상 탈핵은 헌법 제72조에서 규정하고 있는 국가안위(國家安危)에 관한 것이 아니기에 국민투표의 대상이 안된다는 견해도 있으나, 탈핵은 국가안위에 관한 것이다.

나. 선거

독일은 1998년 사민-녹색당 연립정부 구성의
전제조건으로 탈핵을 합의했고,
스웨덴은 2014년 사민-녹색당 연립정부가 원전 줄이기로 결정했다.

13. 문제가 많은 원자력발전을 왜 계속할까?

탈핵이야기를 하면 "이렇게 문제가 많은 원자력발전을
왜 계속하느냐"고 묻는다.
그 이유는 단순하다.
원전으로 이익을 보는 집단이 있기 때문이다.
그들이 진실을 은폐하고 있다.
그래서 시민들의 목소리가 필요하다.
이제는 새로운 원전을 그만 짓고, 낡은 원전은 폐쇄해야 한다.
최대한 안전하게 관리하고, 미래 세대에게 주는 부담을 줄여야 한다.
이것이 윤리적이고 상식적인 판단이다.

21 영화 '군함도'

영화 '군함도'는 1945년 일제강점기 때
우리 조상들이 일본 군함도(하시마섬)에
강제징용 된 이후 짐승 이하의 대접을 받는 모습과
매국노들과 일본인들 곁에 붙어서 기생하는 자들의 모습
그리고 목숨 걸고 함께 탈출을 시도하는
우리 조상들의 이야기를 그린 영화이다.

한가지 분명히 집고 넘어갈 것이 있다.
이 영화를 소개하는 글 대부분
　'조선인들'의 이야기라고 표현하는 것에
나는 동의할 수 없다.
조선인들의 이야기가 아니라
　'우리 조상들'의 이야기이다.

영화 군함도를 보고 난 느낌을
두 가지 명대사로 요약할 수 있다.
첫 번째 명대사는 나이 어린 청년(학생)이
일본 군인에 죽어가면서 외쳤던 욕이다.

"이 개새끼들아! 우리가 뭘 잘못했어?"

두 번째 명대사는 독립운동의 주요인사 구출 작전을 지시 받고
군함도에 잠입한 광복군 요원 박무영(송중기 역)이
반역자를 처단할 때 한 말이다.

"민족의 적과 내통한 죄,
인민들의 피를 빨아 사리사욕을 채운 죄,
지도자 행세를 하며
민중을 기만한 죄를 물어
너의 반민족 행위를
조선의 이름으로 처단한다!

"우리는 명심해야 한다.
우리가 잘못하지 않아도 우리가 힘이 없으면
또 다시 일본 등 강대국들의 종으로
살아가야 한다는 것을…

또한 우리를 망하게 하는 것은 외부가 아니라 내부이다.
일본에 빌붙어 산 친일파들이나 매국노들이 없었다면
그렇게 우리 누이들이 위안부로 끌려가지 않았을 것이고,
그렇게 우리 조상들이 강제 징용되지 않았을 것이다.
그렇게 죽어가지 않았을 것이다.

이 영화는 전쟁의 참담함을 알리는 영화이다.
그리고 우리들의 모습을 돌아보게 하는 영화이다.

이 영화에 대해서는 호불호가 갈리는 것 같다.
나는 평점을 준다면 별 다섯 개를 주고 싶다.
나는 우리나라에서 이런 영화도
만들 수 있다는 것이 자랑스러웠다.

※ 일본 나가사키에서 18km가량 떨어진 군함도는 야구장 2개 크기의 작은 섬이다. 일본 이름은 하시마(端島)지만 군함 모양이라서 군함도라고도 불린다. 공식 기록에 따르면 1939~1945년 조선인 약 800명이 군함도로 끌려갔고, 134명이 숨졌다. 조선인의 한이 서린 곳이지만 일본은 '비(非)서구지역에서 최초로 성공한 산업혁명 유산'이라며 2015년 7월 유네스코 세계문화유산으로 등재하는 데 성공했다. 당시 일본은 'forced to work'라는 표현을 사용하며 조선인 강제징용 사실을 인정했고, 2017년 12월 전까지 강제징용 사실을 표기한 안내판을 설치하겠다고 약속했다. 하지만 이 약속은 아직까지 지켜지지 않고 있다.

22 영화 '택시운전사'

내가 최근에 본 영화 중에 가장 감동적인 영화이다.
전두환 사형시켜야 되는 거 아냐?
이 영화 만든 감독 천재 같다.
'군함도' 보다 더 감동적이다.

함께 영화 '택시운전사'를 본 아내의 영화평이다.
광주시민들이 참 자랑스럽다.
'택시운전사'는 5.18광주민주화운동 실화를 바탕으로 한 영화이다.
대한민국 국민이라면 꼭 봐야 할 영화이다.

광주시민들은 빨갱이가 아니다.
광주시민들은
"계엄령을 철폐하라! 전두환은 물러가라! 김대중을 석방하라!"를
외치다 대한민국 국군의 총에 죽어 갔다.
국가는 군인들에게 적을 향하여 쏘라고 총을 준 것이지
그렇게 무고한 시민을 향해 쏘라고 주지 않았다.

영화 보는 도중에 아내가 군인들이

시민들을 향해 총을 쏘는 모습을 보고 한 마디 했다.
"저거 미친 거 아냐?"
심지어 계엄군은 병원을 향해서도 총질을 했다.

정부에서는 공식적으로 5·18광주민주화운동으로 인해
191명의 사망자와 852명의 부상자가 발생했다고 발표했지만,
현재까지도 사망자 수에 대한 논란은 계속되고 있다.

나는 5·18광주민주화운동 때 초등학교 6학년이었다.
그 때 당시 TV에서 김대중이
김일성 사주를 받은 빨갱이라고 방송한 것을 분명히 기억한다.
그 때 당시 계엄군사법원 군판사들은
김대중을 내란음모 등 죄로 사형을 선고했다.
나도 군법무관 출신이지만,
내가 만약 그 때 당시 군판사였다면 어떻게 했을까?

1979년 중앙정보부장이던 김재규가
박정희 대통령을 총격한 10·26사건 이후,
전두환을 주축으로 한 신군부는 12·12사태를 일으켜
군 권력을 장악하였다.
이후 5·18광주민주화운동이 일어나기 하루 전인
1980년 5월 17일 신군부는 비상계엄조치를 전국으로 확대하면서
김대중과 그 지지세력 24명을 내란음모 등 혐의로 구속, 기소하였다.
이후 신군부는 구속기소 5일 만에 5·18 민주화운동을
"김대중이 대중을 선동해 민중봉기와 정부 전복을 획책했다."는
내용의 중간수사결과를 발표하고 7월 4일 김대중 등

37명을 내란음모 등 혐의로 육군본부 검찰부에 송치했다.
군사재판 결과 김대중 전 대통령은 이듬해 대법원에서
사형선고가 확정되었다.

영화에서도 한 장면으로 나오지만,
광주시민들이 맨 처음 불사른 곳이 광주MBC방송국이었다.
당시 방송은 광주시민들이 왜 들고 일어 났지를
전혀 보도하지 않았다.
언론은 광주시민들을 폭도로만 몰았다.
방송과 신문은 전두환 찬양 일색이었다.
그것이 언론이냐?
언론이 바로 서야, 나라가 바로 선다.
아래 글은 1980년 5월 전남매일 신문기자 일동의 집단사직서다.

우리는 보았다.
사람이 개 끌리듯 끌려가 죽어가는 것을
두 눈으로 똑똑히 보았다.
그러나 신문에는 단 한 줄도 싣지 못했다.
이에 우리는 부끄러워 붓을 놓는다.

1980년 5월 20일
전남매일신문기자 일동
전남매일신문사장 귀하

2011년 5월 25일 5·18광주민주화운동 기록이
유네스코 세계기록유산으로 등재되었다.
현대사 관련 자료 중 최초의 등재자료이다.

영화에서도 등장하지만,
당시 현장을 촬영한 기자가 아니었으면 어찌 되었을까?
생각만 해도 끔찍하다.
한편 광주지방법원 민사21부는 5·18 기념재단 등이
'전두환 회고록' 1권에 대한 출판과 배포를 금지해달라며 낸
가처분 신청을 받아들여
"1권 회고록 가운데 폭동, 반란, 북한군 개입 주장,
헬기 사격, 계엄군 발포 관련 내용 등 33군데를 삭제하지 않는다면
회고록을 배포하거나 판매, 출판해서는 안 된다"고 결정했다.
재판부는 이 결정을 어길 경우엔 전두환 측은
5·18 재단 등에 1회당 500만원씩 물어줘야 한다.
또한 법원은 5월단체가 지만원을 상대로 제기한
5·18 영상고발 화보의 발행·배포 금지 가처분 신청도 인용했다.
지만원은 화보에서 5·18 당시 항쟁에 참여했던
시민을 북한 특수군으로 지목한 바 있다.

사람이라면 최소한 양심은 있어야 하지 않을까?
광주시민들에게 그만 총질해라.
광주시민들은 빨갱이가 아니다.

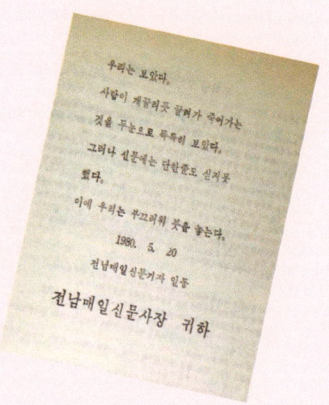

23 뮤지컬영화 '미녀와 야수'

오랜만에 평일에 휴가를 낸 아내와 함께
뮤지컬영화 '미녀와 야수'를 봤다.
영화가 아니라 그냥 뮤지컬이라고 해도 과언이 아닐 정도로
영화 상영시간 내내 아름다운 노래를 들을 수 있다.
미녀 벨 역할을 맡은 엠마 왓슨(Emma Watson)과
야수 역을 맡은 댄 스티븐스(Dan Stevens)의 노래뿐만 아니라
등장인물들 모든 노래가 예술이다.
나는 10여 년 전 천안에 살 때 아내와 함께
천안사랑의부부합창단 단원으로 활동한 적이 있는데,
어느 해 정기공연 때 '미녀와 야수' 주제곡을
부른 적이 있어서 그런지 노래가 귀에 익어서 더 좋았다.
영화에서 말하는 사물로 시계(콕스워스)와 촛대(르미에)가 등장하는데,
시계가 촛대에게 그리고 촛대가 마지막 남긴 말이 기억에 남는다.

그 동안 같이 일할 수 있어서 정말 영광이었소.(시계)
저도 함께 일해서 영광이었습니다.(촛대)

내가 생을 마감할 때 동료에게 이런 말을 남기고
죽을 수 있다면 정말 행복할 것 같다.
영화 끝 부분 '미녀와 야수' 주제곡을 듣는 것으로
감동의 후유증(?)은 절정에 다다른다.
사랑은 하나님이 인간에게 준 가장 큰 선물이다.
사랑은 순간을 영원으로 바꾸어 준다.
그래서 사랑은 영원하다.

희망과 사랑을 잃지 말아요.
만약 잃게 된다면, 모든 걸 잃게 될 거에요.
- 영화 '미녀와 야수' 명대사 -

24 연극 '선녀씨 이야기'

두산아트센터에서 공연한 연극 '선녀씨 이야기'의 주인공
엄마역을 맡은 선우용여 선생님 초대로
위 연극 마지막 공연(2017.5.21.주일 저녁7시)을
아내, 섬기고 있는 이수성결교회 이영훈 장로 내외분과 함께 봤다.
'신이 모든 곳에 있을 수 없어 엄마를 만들었다'는 말을 떠오르게 하는
헌신적인 우리시대 엄마의 가족애를 다룬 연극이다.

어느 경상도 엄마의 애절한 삶의 이야기를
담백하고 솔직하게 표현하여
관객들로 하여금 자연스럽게 웃고 울게 만드는
참 감동적인 가족 연극이다.

오늘이 이 연극의 마지막 날이어서 너무 아쉽다.
특히 올해 데뷔 53년차인 선우용여 선생님은
자식들 때문에 폭력남편과 함께 살아가면서 억척스럽게
4남매 엄마로 살다가 하늘로 떠나간 선녀 엄마 역을
진짜 엄마처럼 열연하셨다.
또한 드라마에서나 만날 수 있는 최수종(둘째 아들역),

윤해영(젊은시절 엄마역), 한갑수(아버지역)씨를
만날 수 있어 덤으로 좋았다.
남녀노소 불문하고 관람객들이 훌쩍이는 소리를
여기저기서 들을 수 있었고,
나도 손수건을 꺼내들 수밖에 없었다.
엄마의 대사가 귓가에 맴돈다.

"내 꿈은 접었지만 니그들 꿈과 맞바꾼 것이다."
"내 인생의 절반은 겨울이었다."
"내 새끼들이 엄마 앞에 서 있기만 해도 항상 기뻤다."

이 땅의 모든 엄마들의 건강과
선우용여 선생님의 건강을 간절히 기원한다.
엄마 사랑합니다.

25 스스로 아연이 된 사람들

뉴스룸의 앵커브리핑을 시작하겠습니다.

철은 산소를 만나면 녹이 슬게 마련입니다.
더욱이 산소가 섞여 있는 바닷물을 만나면,
그 부식의 속도는 기하급수적으로 빨라집니다.
그래서 배를 만들 때 가장 중요한 작업 중의 하나도
이 철이 녹스는 것을 막는 일이라고 하더군요.
그럴 때 전문가들은 '아연'을 사용합니다.
철보다 더 쉽게 부식되는 물질,
이 아연을 철 위에 덧대어 놓으면
철을 대신해 아연이 녹이 슬면서
신기하게도 철은 녹이 슬지 않는다고 합니다.
'희생양극법(Sacrificial Anode Method)'
즉, 아연의 희생으로 철은 녹슬지 않는다는 화학의 법칙.

세 번의 봄.
세월호는 그 길고 긴 시간을 견딘 후에 우리 앞에 모습을 드러냈습니다.
선체는 심하게 손상되었고, 상한 곳마다 어김없이 녹이 슬었지요.

아연으로 덧댔다 하더라도,
녹슬지 않고 버텨내기엔 지난 3년은 너무나 긴 시간이었을 것입니다.

그러나 어머니는 이렇게 말했습니다.
"벌써 울면 안 된다.
다리에 힘을 주고 버텨야 한다."
배는 녹이 슬고, 리본의 빛깔은 바랬지만,
가족들은 기억만큼은 녹이 슬지 않도록,
지난 3년 동안 자신이 대신 아연이 되는 길을 택했습니다.

기억만큼은 녹이 슬지 않도록
그들처럼 아연의 길을 택한 이들은 또 있습니다.
차가운 바닷 속에 수백 번 몸을 던졌던 잠수사들 …
그리고 광장에서 세월호의 귀환을 기다려왔던 시민들 …
돌이켜 보면 그 광장에서는 단식이 있었고,
폭식이 있었으며, 기도가 있었고, 조롱이 있었습니다.
시민들은 그 광장에서 그 배, 세월호를 기다렸지요.
그들은 모두 기억이 녹슬지 않도록
스스로 세월호의 아연이 된 사람들이었습니다.

"기억은 일종의 윤리적 행위이자
우리가 공유할 수 있는 가슴 시리고도 유일한 관계"
바로 그 윤리적 시민들이 지켜낸 이름들 …
그리고 오늘은 세월호 피해자들의 그 이름들을 불렀던
전직 대통령의 구속영장이 청구된 날 …
만감이 교차하는 날 …
앵커브리핑이었습니다.
- 2017.3.27. JTBC 손석희 앵커브리핑 -

박근혜 전 대통령의 탄핵의 시작은 JTBC 뉴스룸이었다.
언론이 바로 서야 나라가 바로 선다.
JTBC는 삼성공화국과 특별한 관계에 있음에도
이재용 부회장이 구속되는데 결정적인 기여를 했다.
손석희 앵커는 앵커브리핑에서 이런 말을 했다.
"저희는 특정인이나 특정 집단을 위해 존재하지 않는다."
대한민국 검사 윤석열도 같은 취지의 말을 했다.
"나는 조직에 충성하지 사람에 충성하지 않는다."
언론이 권력과 결탁하지 않고,
검찰이 권력의 시녀가 되지 않을 때
이 땅에 진정한 민주주의의 꽃이 활짝 피어날 것으로 확신한다.
봄꽃은 순식간에 피는 것 같지만,
추운 겨울이라는 고난을 견디고 견디어서 피는 것이다.
봄은 그냥 오지 않는다.

어둠은 빛을 이길 수 없다
거짓은 참을 이길 수 없다
진실은 침몰하지 않는다
우리는 포기하지 않는다

- 윤민석 노래 -

제3편
주님과 동행

01 아버지가 살아야 가정이 산다

아래 글은 내가 2011년 6월 11일 발표한
천안/아산지역 26기 두란노 아버지학교
수료 소감문이다.

주님! 제가 아버지입니다.
아버지가 살아야 가정이 산다.

무서운 아내 때문에 타의로 입학한 두란노 아버지학교
엊그제 입학한 것 같은데, 벌써 수료하라고 한다.
참 아쉽다.

오랜만에 해본 숙제는 나와 가족을 돌아보게 했다.
아버지께 쓴 편지,
아내에게 쓴 편지,
아내가 사랑스런 20가지 이유,
자녀에게 쓴 편지,
자녀가 사랑스런 20가지 이유

숙제하는 것만으로도 행복했다.
비록 매일 학교 가는 당일 날 했지만…
나의 아버지는 가난해서 못 배우셨지만,
가족 사랑과 성실성을 가르쳐 주신
최고의 아버지였다는 사실,
부족한 나를 이 세상에서 가장 사랑해주는
아내가 내 곁에 있다는 사실,
참 지혜롭고 이쁜 딸과 아들을
하나님이 주셨다는 사실을
다시 인식하는 것만으로도 참 행복했다.

사춘기 딸과 부딪치는 일이 잦았는데,
아버지학교 숙제 때문에
사이가 많이 좋아진 것 같아 참 다행이다.
사랑하는 딸과 아들이 내 편지를 받고,
"아빠 사랑해요"라는 말을 할 때 참 행복했다.
개구쟁이 어린 아이가 목사님에게 침을 뱉자
화가 난 목사님이 그 아이에게 침을 뱉자
웃으면서 더 가까워졌다는 이야기를 통해,
나의 기준이 아닌 우리 아이들의 눈높이에
맞추는 노력을 해야겠다는 생각을 했다.

우리 가정이 해체될 수 있는 상황이었음에도
슬기롭게 대처해준 아내에게 감사하고 감사하다.
시집와서 계속 남편 뒤치다꺼리만 하고 있는
아내에게 미안한 마음뿐이다.

평생 사죄하는 마음으로
좋은 남편으로,
좋은 아버지로 살아갈 것을 다짐한다.

건강한 가정은 분쟁이 없는 가정이 아니라
그 분쟁을 해결할 수 있는 가정이라는 말에 공감한다.
더 건강한 가정을 위해 내가 더 양보해야겠다.
끝으로 희생과 봉사로 섬겨주신
스텝 형제분들께 사랑과 축복의 인사를 전합니다.
두란노 아버지학교의 동문이 되게 해준
무서운 아내에게도 고맙다는 인사를 전합니다.
부끄럽지 않는 아버지가 될 것임을 다짐합니다.

주님! 제가 아버지입니다.
주님! 제가 아버지입니다.
주님! 제가 아버지입니다.

2011년 6월 11일
모든 것이 참 이쁜 아내
나주옥의 남편 김양홍

02 하나님의 입이 되어 살아가라

내가 하고 싶은 말이 아니라
하나님이 원하는 말을 해야 합니다.
하나님의 입이 되어 살아가십시오.

박정수 이수성결교회 담임목사님이
주일 설교말씀 중에 하신 말씀이다.
하나님의 말을 하는데 어떻게 함부로 말을 하겠는가?
부정적인 말, 저주하는 말, 짜증내는 말 대신
축복의 말, 격려의 말, 위로의 말을 하자.
천사와 악마의 차이는 모습이 아니라
그가 하는 말이라고 하지 않는가?
따뜻한 말 한 마디가
한 사람의 인생을 바꿀 수도 있다.
사랑의 말이 아니면 차라리 말문을 닫아야 한다.

03 동행, 동행, 동행 그리고 동행

이수성결교회 3040 목장 연합 모임을 가졌다.
모음을 주관한 김영대 전도사님께서
목원들 각자가 자신을 나타낼 수 있는 단어 3개
그리고 기도제목 1개를 써서 자신의 몸에 붙이도록 했다.
나는 단어 3개는 '가족과 동행, 행복한 동행, 중국과 동행'을
기도제목은 '주님과 동행'을 적었다.

가족과 동행

가족은 인생의 시작과 끝이다.
내가 아무리 사회적으로 성공했을지라도
가족이 망가져 있으면 실패한 인생이다.
가깝다는 이유로 가족에 대해 소홀히 하고,
함부로 대한 것에 대해 반성하고 반성한다.
남은 생애 가족을 더 사랑하면서
살아갈 것을 다짐하고 다짐한다.

행복한 동행

더불어 사는 세상이, 더불어 행복한 세상이다.
더불어 행복한 세상을 만드는데, 작은 밀알이 되고 싶다.

변호사 직분을 충실히 수행하면서
하늘나라 갈 때까지 '행복한 동행'을 이야기하고,
마음을 다하여 이웃을 섬기면서 살고 싶다.

중국과 동행

요새 사드 배치 문제로 한중관계가 좋지 않다.
그렇지만 중국어 공부를 열심히 해서
한국 내 중국인들과 자유롭게 의사소통하고,
그들에게 양질의 법률서비스를 제공하고 싶다.
또한 6년 후 중국으로 유학 가서 중국어 공부를 하고 싶다.
그래서 중국어로 쓴 '행복한 동행' 책을 중국에서 출간해 보고 싶다.
중국이 잘 되는 것이 우리나라가 잘 되는 것이고,
우리나라가 잘 되는 것이 중국이 잘 되는 관계가 되길 소망한다.

주님과 동행

다음달(2017.4.30.) 이수성결교회에서 장로 장립식이 예정되어 있다.
집사 직분이 얼마나 편하고 좋은 직분인지 요새 절실히 느끼고 있다.
나는 비록 장로의 자격은 없는 사람이지만,
거룩한 부담감을 갖고 임직식에 임하고자 한다.
삶 속에서 그리스도의 향기가 묻어나는 사람으로 살고 싶다.
삶이 전도가 되는 삶을 살고 싶다.
빛도 이름도 없이 그렇게 살고 싶다.

04 겸손하라
때가되면 높이시리라

사람이 마음으로 자기의 길을 계획할지라도
그의 걸음을 인도하시는 이는 여호와시니라
- 잠언 16장 9절 -

그러므로 하나님의 능하신 손 아래에서 겸손하라
때가 되면 너희를 높이시리라 -
- 베드로전서 5장 6절 -

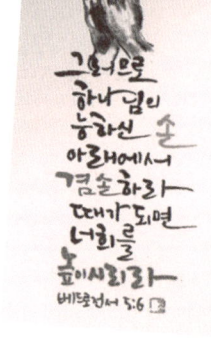

위 두 성경구절은 어제 수요예배 시간에
이수성결교회 박정수 담임목사님이 자녀들에게 물려주면
평생 힘이 될 성경말씀이라고 알려주신 것이다.
잠언은 솔로몬이, 베드로전서는 예수님의 제자 베드로가 쓴 것이지만
앞뒤 내용이 딱 맞는 말씀이다.
이는 자녀들에게만 물려줄 말씀이 아니라 바로 나에게
그리고 우리들 모두에게 주신 하나님의 지혜가 담긴 말씀이다.

내가 군법무관 시절 서울에 살다가 아내 직장 때문에
천안으로 이사 가서 11년을 서울-천안을 출퇴근 하게 된 것도,

2006년도에 다른 변호사들이 개업지로 선호하지 않는
용산에 법무법인 서호를 설립한 것도,
자녀들 교육 때문에 갑자기 4년 전에 다시 서울로 이사 오게 된 것도
그리고 우연히 이수성결교회를 섬기게 된 것도
모두 내가 계획한 것이 아니라 하나님이 인도하셨음을 믿는다.

지금 힘든가?
나도 길가에 '풀'이 부러울 때가 있었다.
풀은 비가 오면 오는 대로, 비가 오지 않으면 않은 대로
걱정하지 않고 살아가는 것 같이 보여서다.
감히 나와 비교대상이 안 되는 그 풀을 부러워했었다.
지금의 고난은 분명 하나님의 축복이다.
하나님이 그 고난을 통해 나를 단련시켜 연금처럼 사용하실 것을 믿고,
내가 하려고 하지 말고 하나님께서 하시게끔
하나님 앞에 모든 것을 내려놓고, 온전히 맡기는 삶을 살자.

순종하는 마음으로, 기대하는 마음으로 하루를 살자.
그리고 어떤 순간에도 감사하는 마음을 잃지 말자.
때가 되면 하나님께서 높여주실 것이다.

**여호와께서 너희를 위하여 싸우시리니
너희는 가만히 있을지니라**
- 출애굽기 14장 14절 -

05 오늘도 행복해 주세요

예수님은 '네 이웃을 네 자신과 같이 사랑하라'고 하셨고,
심지어 '너희 원수를 사랑하라'고 하셨다.
예수님은 나만 행복하고, 나만 즐거운 삶이
행복한 삶이 아니라 더불어 행복한 삶이
더 큰 행복임을 가르쳐 주신 것이다.

곰곰이 생각해 보면, 내가 행복할 때 보다
내가 사랑하는 사람이 행복할 때 더 행복한 것 같다.
그것이 본래 행복의 속성 아닐까?
결국 내가 행복하려면
내 곁에 있는 사람이 행복해야 한다.
그리고 보면 우리는 서로가 서로의 행복을 위해
행복해져야 할 의무가 있다.
그래서 나는 "오늘도 행복하세요"는 문자보다는
"오늘도 행복해 주세요"라는 문자를 자주 보낸다.
일단, 우리 오늘 행복하자.

사람은 누구나 행복하기를 간절히 바라는데
그러기 위해서는 온갖 힘을 기울여야 한다.
행복이 찾아오기만 기다려 문을 열어둔 채
방관만 하고 있다면 들어오는 것은 슬픔뿐이다.
- 알랭 드 보통(Alain de Botton) -

06 하나님은 콜택시가 아니다

하나님께 우리 편이 되어 달라고 기도하지 말고,
우리가 항상 하나님 편에 서 있게 해달라고 기도합시다.

주일날 이수교회 박정수 담임목사님이
설교말씀 중 언급한 링컨 대통령 말이다.
남북전쟁 당시 한 교회 대표가 링컨 대통령을 위로하면서,
"각하, 우리는 하나님이 우리 북군의 편이 되셔서
북군이 승리하게 해달라고
날마다 눈물로 간절히 기도합니다."라고 하자,
링컨대통령이 위와 같은 말을 했다고 한다.

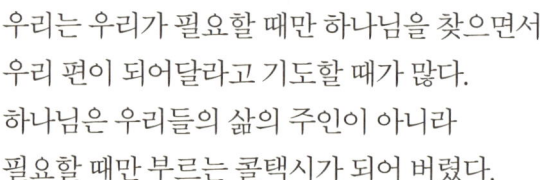

우리는 우리가 필요할 때만 하나님을 찾으면서
우리 편이 되어달라고 기도할 때가 많다.
하나님은 우리들의 삶의 주인이 아니라
필요할 때만 부르는 콜택시가 되어 버렸다.

하나님의 뜻이 아닌 내 뜻대로 살아간다.
그리고 내 뜻대로 살지 못하면 하나님을 원망한다.

하나님 보다는 돈을,
하나님 보다는 자식을,
하나님 보다는 명예를,
하나님 보다는 육체의 정욕을 우선시 한다.

북한의 핵은 두려워 하면서,
이 땅의 전쟁은 두려워 하면서
정작 이 세상을 다스리시는 하나님은 관심밖에 있다.
하나님은 교회와 성당에 가둬두고
주일날만 잠깐 와서 "주여~ 주여~" 한다.

더 이상 이래서는 안된다.
나부터, 우리부터 하나님을 두려워해야 한다.
내 뜻이 아닌 하나님의 뜻이 이루어지도록 기도해야 한다.
하나님은 필요할 때만 찾는 콜택시가 아니다.
하나님이 우리들의 삶을 운전하시도록 운전대를 내어 드리자.

내가 하려고 하지 말고, 하나님께서 하시게끔
하나님 앞에 모든 것을 내려놓고,
온전히 맡기는 삶을 살자.
순종하는 마음으로, 기대하는 마음으로 하루를 살자.
그리고 어떤 순간에도
감사하는 마음을 잃지 말자.

07 하나님 제일주의

우리가 헛되이 도움을 바라므로
우리의 눈이 상함이여 우리를 구원하지 못할 나라를
바라보고 바라보았도다
- 예레미야애가 4장 17절 -

여기서 우리를 구원하지 못할 나라는 '애굽'이다.
이스라엘 백성들은 바벨론으로 공격당할 때
하나님을 바라보지 않고 자신들을 구원하지도 못할 애굽을 바라본 것이다.
그냥 바라본 것이 아니라 '바라보고 바라보았다.'

오늘 날 하나님 자리를 차지하고 있는 '애굽'은 무엇일까?
돈, 명예, 자식, 쾌락 등 셀 수도 없이 많은 것 같다.
헛된 도움을 바라지 말자.
개인이든 국가든 …

사람이 사람을 만나면 역사가 이루어지고,
사람이 하나님을 만나면 기적이 이루어진다.
하나님 제일주의가 실천되는
오늘 하루가 되기를 기도하고 기도한다.

> 사람이 사람을 만나면
> 역사가 이루어지고,
> 사람이 하나님을 만나면
> 기적이 이루어집니다.
>
> When one man meets another man,
> History is born.
> When a man meets God,
> Miracles unfold.

08 서로가 서로의 종이 되어야 한다

어느 주말 서울지방변호사회 연수를 받고 있는데, 카톡이 왔다.
친동생처럼 가깝게 지내는 자매가
결혼할 남자친구를 소개시켜주고 싶다는 것이다.
나도 결혼할 때 내가 모셨던 박흥근 백골부대 사단장님께
아내를 소개시켜드린 적이 있고,
아내도 박사논문을 지도해주신 고윤석 교수님께 나를 소개한 적이 있었다.
그 자매도 나와 같은 마음이었으리라 생각하니 참 기분이 좋았다.
내가 그렇게 누군가로부터 배우자감을 소개받은 것은 처음이다.
함께 식사하고 차 마시면서, 두 사람에게 주례사 아닌 주례사를 해줬다.

1. 서로가 서로의 종이 되어야 한다.
2. 나라를 사랑하라.
3. 이웃을 사랑하라
4. 범사에 감사하라.

특히 그 중에 '서로가 서로의 종이 되어야 한다'는 것을 강조했다.
남편은 언제 어디에서든지 아내의 종임을 잊지 말고,
아내를 설득하지 못했을 경우에는 반드시 아내 뜻을 따르라고 조언했다.

또한 남편은 아내에게는 자존심을 내세우지 말고
무슨 일이든 아내와 상의해서 하라고 조언했다.

나는 어느덧 결혼할 예비 신랑신부에게
삶에 대해 조언할 나이가 되었지만, 참 행복했다.
좋은 할아버지가 되고자 하는 나의 꿈이 곧 이뤄질 것 같아서다.
두 분의 앞날에 하나님의 축복이 가득하시길 기원한다.

그러므로 사람이 부모를 떠나 그의 아내와 합하여
그 둘이 한 육체가 될지니 이 비밀이 크도다
나는 그리스도와 교회에 대하여 말하노라
그러나 너희도 각각 자기의 아내 사랑하기를 자신 같이 하고
아내도 자기 남편을 존경하라
- 에베소서 5장 31~33절 -

09 GOOD-GOD=0
0+GOD=GOOD

GOOD - GOD = 0
세상에 아무리 좋은 것(GOOD)을 얻었다 할지라도
하나님(GOD)이 없으면
아무것도 아닙니다.

0 + GOD = GOOD
그러나 아무것도 아닌 삶(0) 일지라도
하나님(GOD)만 계시면
아름다운 것입니다.

모든 것을 가졌더라도
하나님과 그의 나라를 소유하지 못했다면
그는 가장 불쌍한 사람입니다.
그러나 비록 세상에서
필요한 모든 것을 다 소유하지 못했어도
하나님과 그의 나라를 소유했다면
그는 가장 축복받은 사람입니다.

2018년 첫 출근 하는 날
아는 장로님으로부터 받은 글이다.
참 많은 것을 생각하게 하는 글이다.
'나는 죽고, 예수로 사는 삶'을 살고 싶다.
예수님만으로 만족하는 삶을 살고 싶다.
나의 삶이 예수님을 증거 하는 삶이되길 소망한다.
그래서 'GOOD + GOD의 삶'을 살고 싶다.

$$good - god = 0$$
$$0 + god = good$$

10 심장은 생을 마감할 때까지 뛴다

심장은 대단하다.
생을 마감할 때까지 뛰니까 …
심장은 1분에 70~80회, 빈맥(頻脈)의 경우는 100회 이상 뛴다.
잠자는 시간에도 심장은 뛰고 있다.
쉬고 싶을 텐데, 쉬지 않고 뛴다.
지칠 만도 한데, 지치지 않고 뛴다.
우리들 삶도 그래야 하지 않을까?
다만, 너무 무리하게 뛰지는 말자.
건강한 심장은 무리하게 뛰지 않는다.

어느 주일 아침 가정예배 드리는 시간에
고1 아들이 한 마디 한다. "주어지는 대로 사는 거죠"
그래, 맞다. 나에게 주어진 대로 살면 된다.
내가 할 수 있는 일이 있고, 내가 할 수 없는 일이 있다.

심장처럼 주어진 능력 안에서 최선을 다하자.
그 나머지는 하나님께 맡기자.
하나님이 하나님의 때에,
하나님의 방법으로 이루어 주실 것이다.

11 뱀을 멀리하라

창세기 3장에는 간교한 뱀이
여자인 하와를 유혹하여 선악과를 따먹게 하고,
하와가 자기와 함께 있는 남편 아담에게도 주어
함께 선악과를 따먹게 하는 장면이 나온다.
만약 여자가 뱀을 만나지 않았다면
뱀의 유혹도 받지 않았을 것이고,
선악과 열매도 따먹지 않았을 것이다.
그렇게 되었다면 우리 인간들과 하나님과의 관계가
어긋남으로 인한 죄와 고통에서 자유로울 수 있었을 것이다.

사람 사는 세상에는 곳곳에 뱀 같은 존재들이 널려 있다.
좋은 사람은 만나고,
뱀 같이 나쁜 사람은 반드시 피해야 한다.
사악한 뱀을 설득하려고 하지 마라.
뱀은 설득의 대상이 아니라 피해야 할 대상이다.

12 탐심은 우상숭배이다

하나님 대신 예배대상으로 삼는 것이 우상이다.
그것은 돈일 수도 있고, 자녀일 수도 있고, 명예와 쾌락일 수도 있다.
성경은 '탐심을 우상숭배'라고 한다.(골로새서 3장 5절)
나는 '육신의 정욕과 안목의 정욕과 이생의 자랑'이라는
탐심과 더불어 살아온 것 같다.
한 다리는 하나님께,
다른 한 다리는 세상의 탐심에 걸쳐두고 살았다.
나는 매순간 양다리 걸치기 선수였다.
이제 그렇게 살지 말자.
하나님 앞에 다 내려놓자.
오늘부터라도 하나님의 자리에 그 어떤 것도 놓지 말자.
하나님이 아닌 그 어떤 것도 모두 허깨비다.
아무 응답도 할 수 없는 허깨비 …

**그리스도 예수의 사람은 육체와 함께
그 정욕과 탐심을 십자가에 못 박았느니라**
- 갈라디아서 5장 24절 -

13 얼굴의 의미

얼굴의 우리말 뜻을 살펴보면,
'얼(魂)이 들어있는 굴(窟)'이란 뜻입니다.
즉, 얼이 들어오고 나가는 굴을 얼굴이라 합니다.
'얼'은 영혼이란 뜻이고,
'굴'은 통로란 뜻입니다.
나이 40이 넘으면 얼굴에 책임을 져야한다는 말이 있습니다.
늘 근심과 두려움과 부정적 눈빛과
분노가 들어있는 굴이 되어서는 안될 것입니다.
밝은 웃음과 따뜻함과 긍정의 마인드와
사랑과 배려가 넘치는 굴이 되어야 할 것입니다.
당신의 얼굴이 곧 당신의 영적 상태를 말하고 있습니다.
피부는 성형외과에서,
얼(魂)은 하나님의 말씀으로 …

이수성결교회 박정수 담임목사님의 지난해 4월 설교말씀이다.
요새 나도 나이를 먹다보니 사람들의 얼굴을 보면
대충 그 사람의 삶이 그려진다.
나의 얼굴은 사람들에게 어떻게 보일까?

좋은 생각으로, 감사의 마음으로 가득 채우자.
그래서 좋은 얼굴로 살아가자.
나의 남은 생애 동안 '하나님의 입'이 되어 살아가길 간절히 소망한다.
하나님의 말을 해야 하기에 더럽고, 부정적인 말은 하지 않도록 하자.
격려의 사람, 위로의 사람으로 살자.
내 삶이 전도가 되고,
내 얼굴이 전도지가 되게 하자.
남은 내 인생의 마지막 사명이다.

14 양(羊)의 특성

아래 10가지 양의 특성은 이수교회 금요성령충만예배 때
박정수 담임목사님이 설교 중 언급한 내용이다.

① 눈이 나쁘다
양은 시력이 나빠서 눈앞에서 뭔가 보이고
그게 눈앞에서 움직이면 그걸 졸졸 따라다닌다.
양을 치는 개들이 옆에서 뛰어다니면
그게 또 목자인줄 알고 쫓아간다.

② 잘 속는다
이런 양 떼의 형편없는 분별력을 야생 개들이 잘 알고 있었다.
그래서 예전부터 야생 개들은 야생의 양 떼를 교묘히 유도하여
좁은 골짜기로 몰아넣은 뒤 잡아 먹곤 했고,
인간들은 바로 그 점을 응용하여 양치기 개를 훈련 시켰다.

③ 잘 넘어진다
양의 다리는 단단하고 강하지 않아 재빠르질 못하다.
그래서 넘어질 때가 많고 뛰는 속도까지 느려
맹수가 가까이 쫓아오면 잡아먹히는 경우가 다반사이다.

④ 넘어지면 못 일어난다
양은 일단 넘어지면 말 그대로 '벌러덩' 뒤집어 진다.
완전히 뒤집혀 져서 눕는다.
그렇게 뒤집힌 양은 아무리 용을 써도 스스로 못 일어난다.
그래서 목자가 와서 일으켜 세워 줄 때까지 그 상태로 누워있다.

⑤ 중심을 금방 못 잡는다
뒤집혀 있던 양은 제대로 일으켜 세워줘도
금방 중심을 잡지 못하기 때문에 일으켜 세워준 후,
목자는 양이 똑바로 걷도록 몇 초 동안 가만히 붙잡아 줘야 한다.

⑥ 이기적이고 멋대로이다
새끼 양들이 배가 고파 어미로 보이는 양들에게 다가가서
우유를 얻으려 다가가면 양들은 매정히 뿌리치고 가버린다.
양이 그저 온순한 것 같지만 사실은 상당히 이기적이어서
목자가 없으면 양은 각자 자기 먹이 찾는 것에만
정신이 팔려 멋대로 가버린다.

⑦ 방향 감각이 없다
양들은 방향 감각이 없다.
시력이 너무 나쁘기 때문이다.
그래서 앞에 야생 숲이 있는지 낭떠러지가 있는지 조차도
구분 못하고 무조건 걸어 들어간다.
그래서 양은 반드시 목자 또는 양치기가
옆에 있어야만 생존할 수 있다.

⑧ 반드시 왔던 길로 다시 돌아온다
양들은 반드시 한번 떠나 왔던 길로 다시 돌아온다.
귀소본능(歸巢本能)이 강한 동물이다.

⑨ 방어력이 제로다
양은 자신을 방어할 만한 능력이 전혀 없는 동물이다.
잘 속고, 눈도 안 보이고, 뛰는 속도까지 느리기 때문에
반드시 지키는 누군가가 있어야 한다.

⑩ 죽을 때가 되면 온순해진다
염소나 돼지 등의 동물들은 죽음 직전 발버둥을 치는 반면,
양은 죽음 앞에서만은 모든 것을 체념한 듯 온순해 진다.

잘 속고, 잘 넘어지고, 이기적이고 멋대로 인 점 등
양의 특성 대부분 딱 인간의 모습이다.
양의 특성으로 볼 때 양은
목자 없이 살수 없는 동물이라는 것을 알 수 있다.
인간도 마찬가지 아닐까?
그래서 성경은 하나님의 자녀를 양으로 비유하고,
하나님과 예수님을 선한 목자, 목자로 비유한다.

여호와는 나의 목자시니 내게 부족함이 없으리로다
- 시편 23편 1절 -

나는 선한 목자라 선한 목자는 양들을 위하여 목숨을 버리거니와
- 요한복음 10장 11절 -

기독교를 한 문장으로 표현하면,
'예수님이 내 죄를 위해 내 대신 십자가에 못박혀 죽으시고,
3일 후 부활하신 것을 믿고,
예수님을 나의 주인으로 영접하기만 하면
하나님의 자녀가 되고, 영생을 상급으로 받는다'는 것이다.
내 노력이나 수고로 천국 가는 것이 아니라
예수님을 영접하기만 하면 된다는 것이다.
사람들은 이 세상의 시간을
예수님이 태어나시기 전과 후로 구분하면서도,
예수님을 그냥 수많은 세상 성인들 중의
한 분으로만 생각하는 이유는 무엇일까?
천국 가는 길이 너무 쉬워서 설마하면서
예수님을 영접하지 않는 것일까?
아니면 예수 믿는다는 사람들이
믿지 않은 사람들만 못하는 모습을 보고
실망해서 안 믿는 것일까?
그렇지 않으면 예배드리고, 헌금하는 것이
부담스러워서 그러는 것일까?
내 마음대로 살다가 죽기 직전에
예수 믿으면 된다고 생각하는 것 아닐까?

나도 주위 사람들에게 예수님을 영접하라고
담대하게 이야기하지 못하고 기어들어가는 소리로
그리고 지나가는 말로 예수님을 영접하라고 하는 이유는
상대방과의 관계가 불편해질 것 같아서 그러는 것 아닐까?
아님 내 안에 예수님이 아닌 세상 것들이 가득차서 그런 것 아닐까?

첫 만남 자리에서 "예수 믿으면 너~무 좋다"고 했던
그 변호사님의 모습이 생각난다.
나의 이웃들이 모두 천국 가고,
행복해지는 것이 곧 나의 행복임을 잊지 말자.

15 가상칠언(架上七言)

오늘은 예수님께서 인류를 구원하시고자 십자가를 지시기 위해
예루살렘에 입성하신 종려주일(Palm Sunday)이다.
종려주일이란 예수님이 나귀를 타고 예루살렘에 입성할 때
군중이 종려나무 가지를 흔들며
그를 다윗의 아들(메시아의 다른 명칭)로
환영했다는 복음서의 구절에 기원을 둔 축일이다.
과연 예수님은 십자가 위에서 어떤 말씀을 하셨을까?
예수님이 죽음 직전 십자가 위에서 고통 중에 하신 말씀,
즉, 가상칠언(架上七言)은 다음과 같다.

① 저들의 죄를 사하여 주옵소서
해골이라 하는 곳에 이르러 거기서 예수를 십자가에 못 박고
두 행악자도 그렇게 하니 하나는 우편에,
하나는 좌편에 있더라 이에 예수께서 이르시되
아버지 저들을 사하여 주옵소서
자기들이 하는 것을 알지 못함이니이다 하시더라
그들이 그의 옷을 나눠 제비 뽑을새
- 누가복음 23장 33~34절 -

② 네가 나와 함께 낙원에 있으리라
달린 행악자 중 하나는 비방하여 이르되
네가 그리스도가 아니냐 너와 우리를 구원하라 하되
하나는 그 사람을 꾸짖어 이르되
네가 동일한 정죄를 받고서도 하나님을 두려워하지 아니하느냐
우리는 우리가 행한 일에 상당한 보응을 받는 것이니 이에 당연하거니와
이 사람이 행한 것은 옳지 않은 것이 없느니라 하고 이르되
예수여 당신의 나라에 임하실 때에 나를 기억하소서 하니
예수께서 이르시되 내가 진실로 네게 이르노니
오늘 네가 나와 함께 낙원에 있으리라 하시니라
- 누가복음 23장 39~40절 -

③ 어머니 보소서 아들입니다
예수께서 자기의 어머니와 사랑하시는 제자가 곁에 서 있는 것을 보시고
자기 어머니께 말씀하시되
여자여 보소서 아들이니이다 하시고
또 그 제자에게 이르시되 보라 네 어머니라 하신대
그 때부터 그 제자가 자기 집에 모시니라
- 요한복음 19장 26~27절 -

④ 아버지 어찌하여 나를 버리셨나이까
제육시로부터 온 땅에 어둠이 임하여 제구시까지 계속되더니
제구시쯤에 예수께서 크게 소리 질러 이르시되
엘리 엘리 라마 사박다니 하시니 이는 곧
나의 하나님, 나의 하나님, 어찌하여 나를 버리셨나이까 하는 뜻이라
- 마태복음 27장 45~46절 -

⑤ 내가 목마르다
그 후에 예수께서 모든 일이 이미 이루어진 줄 아시고
성경을 응하게 하려 하사 이르시되 내가 목마르다 하시니
- 요한복음 19장 28절 -

⑥ 내가 다 이루었다
예수께서 신 포도주를 받으신 후에 이르시되 다 이루었다 하시고
머리를 숙이니 영혼이 떠나가시니라
- 요한복음 19장 30절 -

⑦ 아버지여 내 영혼을 아버지 손에 부탁하나이다
예수께서 큰 소리로 불러 이르시되
아버지 내 영혼을 아버지 손에 부탁하나이다 하고
이 말씀을 하신 후 숨지시니라
- 누가복음 23장 46절 -

— 박정수 이수성결교회 담임목사 설교말씀 중에서 —

가상칠언(架上七言)의 첫 번째 말씀은 '용서'이다.
예수님은 자신을 십자가에 못 박은 사람들을 용서해줄 것을 간구했다.
예수님은 인류의 죄를 용서하기 위해 이 땅에 오셨기 때문에
마지막까지 용서를 실천하신 것이다.
우리도 그런 용서의 삶을 살아야 한다.

예수님은 강도 두 명과 함께 못 박혔는데,
그 중 한 강도는 예수님을 조롱했다.

그런데, 다른 한 강도는 예수님이 행한 것은 옳지 않은 것이 없다고
고백하면서 자신을 기억해 달라고 했다.
그러자 예수님께서 가상칠언 두 번째 말씀을 하신다.
"오늘 네가 나와 함께 낙원에 있으리라"
아무런 공로도 없었던 그 한 강도는
죽기 직전에 예수님을 영접하고 구원을 받은 것이다.
이처럼 예수님은 죽어가면서도
당신을 믿는 죄인들을 구원하시는 분임을 밝혔다.
구원은 자신의 노력으로 되는 것이 아니다.

예수님은 '네 부모를 공경하라 그리하면
네 하나님 여호와가 네게 준 땅에서 네 생명이 길리라'는
출애굽기 20장 12절 말씀대로 행하셨다.
십계명 중 다섯째 계명이 '네 부모를 공경하라' 이다.
십자가에 달리신 예수님과
그것을 바라보는 어머니 마리아의 마음은 얼마나 아팠을까?
그 애절한 마음이 느껴진다.
마리아를 자기 집에 모신 그 제자는 사도 요한이라고 한다.

예수님은 금요일 오전 9시에 십자가에 못 박히신 후
오후 3시경 돌아가셨다.
정오부터 오후 3시까지 일식(日蝕)이 일어났다.
그래서 한 낮임에도 '온 땅에 어둠이 임하여' 라는 표현이 있는 것이다.
보통의 경우, 유월절 때에는 시기적으로 일식이 있을 수 없기에
이것은 이적(異蹟)적인 현상이었다.
'엘리 엘리 라마 사박다니' 는 아람어로

시편 22편 1절을 인용하신 것이다.
(개역개정 성경 각주 해설에서 인용)
예수님께서는 하나님께 조차 버림받은 정신적 고통을 절규하신 것이다.
얼마나 고통스러우셨으면 …

내 하나님이여 내 하나님이여 어찌 나를 버리셨나이까
어찌 나를 멀리 하여 돕지 아니하시오며
내 신음 소리를 듣지 아니하시나이까
- 시편 22편 1절 -

예수님은 십자가에 달리신 후 많은 피를 쏟으셨다.
헌혈하는 곳에서는 헌혈을 하기 전에 물을 한 컵,
헌혈을 한 후에는 물 두 컵을 마시게 한다고 한다.
예수님께서 얼마나 많은 피를 쏟으셨으면,
그렇게 목이 마르다고 하셨을까?
가상칠언 중 가장 마음 아픈 말씀인 것 같다.

예수님께서는 하나님의 계획과 구약의 예언을 따라
지상에서의 모든 생애를 다 마치셨고,
이제는 십자가 위에서 인류를 구원하시기 위한 사역까지 이루셨다.
(개역개정 성경 각주 해설에서 인용)
　'다 이루었다'는 말씀이 귓가에 맴도는 것 같다.
나는 생을 마감할 때 어떤 남을 남길까?
유언장이든 유언이든 미리 생각해 두자.

가상칠언의 마지막 말씀은
"아버지 내 영혼을 아버지 손에 부탁하나이다" 이다.
예수님은 하나님의 아들이시지만
전적으로 하나님 아버지의 뜻대로 사신 분이고,
마지막까지 하나님께 맡기는 삶을 사셨다.
"내 뜻이 아닌 하나님 뜻대로 살라" 는 것이
예수님께서 가상칠언에서 하신 말씀의 핵심 아닐까?

내일부터 부활절 전날인 15일까지는 '고난주간'이다.
이번 고난주간 특별새벽기도성회를 통해
최상의 예배를 드리고, 최고의 응답을 받기를 소망한다.

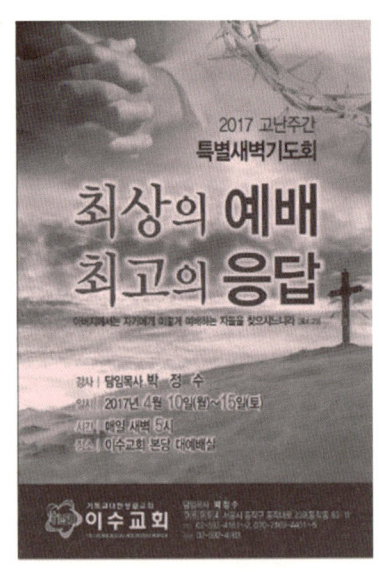

16 하쿠나 마타타
(Hakuna Matata)

하쿠나 마타타(Hakuna Matata)는
"걱정하지 마, 모든 것이 다 잘 될 거야"라는
동아프리카 지역 공용어인 스와힐리어다.
이 표현은 라이온 킹 애니메이션에 사용되었다.

과거는 흘러갔고 어쩔 수 없는 거야.
그렇지?
그럴 땐 신경 끄고 사는 게 상책이야.
날 따라해 봐.
하쿠나 마타타
걱정 말라는 말이야.
정말 멋진 말이지.
- 영화 '라이온 킹' 명대사 -

오늘 한번 외쳐 보자.
하쿠나 마타타.
모든 것이 잘 될 것이다.
누군가 당신을 위해 기도하고 있을테니까…

그러므로 내일 일을 위하여 염려하지 말라
내일 일은 내일이 염려할 것이요
한 날 괴로움은 그 날에 족하니라
- 마태복음 6장 34절 -

17 앨버트로스
(Albatross)

바보새로 불리는 앨버트로스(Albatross)라는 새가 있습니다.
바보새로 불리는 이유는 날개가 너무 커서 뒤뚱거리며 걷고,
평지에서는 날기 위하여 안간힘을 쓰며 뛰어가고,
또 공중에서 날다가 평지에 내릴 때에는
날개를 편 채로 곤두박질하거나
넘어지는 경우가 많기 때문입니다.
그러나 바람이 거세게 몰아치는 때가 되면 이야기는 달라집니다.
다른 새들이 폭풍과 비바람이 오면 모두 자취를 감추지만, 이 바
보새는 세찬 바람이 불기 시작할 때,
유유히 날개를 펼치고 절벽에서 뛰어내린답니다.
우리는 바보새에서 이 시대를 살아가는
지혜로운 신앙인의 모습을 볼 수 있습니다.
고난 속에서 진가가 드러나는 존재,
폭풍우 속에서 충분히 실력을 발휘하는 존재,
가장 바람이 센 때에 장엄하게
최악의 폭풍우를 에너지 삼아 자유자재로 움직이는 존재,
그리고 급속한 환란의 풍파를 이용하여
날개를 활짝 펼치고 높은 속력을 유지하는 존재가

우리 신자의 모습이어야 하지 않을까요?
여러분, 여러분의 날갯짓으로 폭풍우를 뚫고
날아보겠다고 파닥거리다가 쓰러지지 마시고,
하나님을 신뢰하므로 하나님의 은혜의 기류에
잠잠히 나를 맡기고 창공을 훨훨 나는
여러분과 제가 되길 간절히 바랍니다.
- 김혜란 목사(사단법인 다비다자매회 회장) 글 -

다비다자매회 회장이신 김혜란 목사님이
다비다자매회 월간 회지 '다비다 이야기'에 게시한
'하나님을 신뢰하고 맡깁시다'라는 글의 일부이다.
Albatross를 흔히들 '알바트로스'라고 부르는데,
표준어는 '앨버트로스'이다.
골프에서 한 홀의 기준 타수보다 3개가 적은 타수로
홀인(hole in)하는 것을 앨버트로스
또는 더블이글(double eagle)이라고도 한다.

앨버트로스는 1.1m 몸 길이에,
양 날개를 펴면 최대 길이가 3.4m나 되고,
8~11.5kg의 몸무게를 지녔지만,
쉬지 않고 3,200km를 날 수 있고,
날개를 퍼덕이지 않고 6일 동안 날 수 있다고 한다.
앨버트로스는 지구상에 존재하는 새 중에서
가장 높이 그리고 가장 멀리 날 수 있는 새다.
앨버트로스가 그렇게 한 번도 쉬지 않고
먼 거리를 날 수 있는 이유는

바로 자신의 힘이 아닌 바람의 힘으로 비행하기 때문이라고 한다.

세상 사람들이 보기에는
재산과 목숨까지 바치면서까지 복음을 전하는
기독교인들이 바보처럼 보일지 모른다.
 '바람의 힘'으로 나는 앨버트로스처럼
  '하나님의 은혜'로 살아가는 기독교인들,
그런 바보새 같은 기독교인들이 있었기 때문에
지금의 대한민국이 있다고 생각한다.

그리스도인과 비 그리스도인의 차이는
인생의 폭풍우가 닥쳤을 때 들어나는 것 아닐까?
하나님을 믿으면, '버티는 힘'이 생긴다.
하나님을 신뢰하는 삶이 곧 지혜로운 삶임을 확신한다.

김혜란 목사님 말씀대로
하나님의 은혜의 기류에 잠잠히 나를 맡기고,
창공을 훨훨 나는 우리들이 되길 소망한다.
가장 높이, 가장 멀리 날아 보자.

18 슬프게 행복한 길을 걷는다

외로움을 가슴에 묻고 사는 사람이 있습니다.
한여름에 시원한 바람 한 줄기 지나갈 때
마음 깊은 곳에서는 또 외로움이 도지지만
겉으로 환하게 웃는 사람이 있습니다

무어를 바라는 그리움인지 모르는
가슴 깊이 자리한 외로움을 끌어안고
비오는 가을날 해거름에 더 간절해지는
존재의 신비를 응시하는 사람이 있습니다

끝내 끝이 보이지 않을 알 수 없는 파랑
잡히지 않는 그 무지개를 좇아가는 소년처럼
파스텔 색조의 외로움 한 자락을 가슴에서
오늘마다 다시 다독이며 사는 사람,

때로 외로워서 살아있음을 아리게 느끼며
하늘 정원에 저녁 등불이 켜질 즈음
천만 개의 외로움이 불꽃놀이처럼 터지는
그런 길을 오늘도 걷는 사람이 있습니다

가슴 깊은 데 외로움을 고이 묻고
온몸으로 제 십자가를 걸머지고
슬프게 행복한 길을 걷는 사람이 있습니다

성락성결교회 지형은 담임목사님이 싱글 맘들의 모임인
사단법인 다비다자매회 2017년 7월
정기모임 예배시간에 말씀을 전하시면서
첫 머리에 읊어주신 목사님의 자작시다.
사별이나 이혼으로 홀로 된 싱글 맘들뿐만 아니라
군중 속에 외롭게 살아가는 우리들에게 참 위로가 되는 시다.
 '슬프게 행복한 길을 걷는다'는 구절이
가슴을 뭉클하게 한다.

지형은 목사님이 설교 중에 주신 하나님의 말씀은
마태복음 11장 28절 말씀이다.

수고하고 무거운 짐 진 자들아 다 내게로 오라
내가 너희를 쉬게 하리라

아래 내용은 지형은 목사님의 설교말씀 일부이다.

예수 믿으면 행복해야 된다는 강박관념에 사로 잡혀 살지 말자.
삶은 원래 힘든 것이다.
힘들면 "주님 저 힘들어요"라고 하고,
외로우면 "주님 저 외로워요"라고 해야 한다.

예수님이 초대하신 사람은 수고하고 무거운 짐 진 자들이다.
결핍을 경험하지 못한 사람은 감사가 없다.
전혀 힘들지 않게 사는 방법을 찾지 마라.
오히려 힘들 때 주님의 음성이 잘 들린다.
어느 성인도 문제를 내가 해결하겠다고 한 사람은 없다.
그러나 예수님은 삼위일체 하나님이시기에
예수님에게 온 자는 쉬게 해주신다고 하셨다.
예수님의 성품을 닮아가자.
감사와 행복이 차츰 늘어날 것이다.

아래 시는 지형은 목사님이 설교 마지막 부분에
읊어주신 2014년에 지은 '파란 해거름의 가로등'이라는 시다.

해거름에 집으로 돌아가는 길,
어떤 이는 곧 만날 정겨움에 행복하다
안길 품이 없는 어떤 이는 더 외로워진다
해거름의 하늘이 파랗게 물드는 것은
행복보다 외로움이 더 진하기 때문이다

고독한 행복도 있는지 모른다
손잡아 끌어안고 몸을 느끼지는 못해도
마음으로 그리는 기다림이 깊어져서
파랑으로 물들며 승화(昇華)되는 것 말이다

집으로 가는 길을 비추며 서 있는 가로등은
파랗게 아련한 해거름의 하늘 아래에서

집으로 돌아가는 이들을 부러워한다

끝내는 모두 영원한 집으로 돌아간다는 것을
해질녘마다 파랑으로 물드는 가로등이 어쩌면
사람들보다 깊이 생각하는지도 모른다

인생을 돌아보게 하는 시다.
우리는 누구나 죽는다.
잘 사는 것도 중요하지만,
더 중요한 것은 잘 죽는 것이다.

앞모습 보다는 뒷모습이 더 아름다운 사람이 되자.
외로움과 슬픔 가운데서도 행복을 찾자.
우리에게는 돌아갈 영원한 집이 있지 않는가?
가로등도 알고 있는 그 사실을 전하자.
듣지도 못한 사람이 어찌 알겠는가?

19 어리석은 사람은 어떤 사람이냐

어리석은 사람은 어떤 사람이냐 하면
자신이 죽을 것이라고 생각하지 않고 사는 사람일 것이다.
우리는 무엇 때문에 바쁘게 사는 것일까?
모두 다 열심히 사는 것 같지만 실제로는 바보같이 산다.
아무 것도 아닌 것들을 위하여 시간과 마음을
다 쏟아 붓고 살다가 죽는 순간에 후회한다.
왜 사랑한다는 말 한마디 못했을까?
왜 용서하지 못했을까?
왜 나누어 주지 못했을까?
죽음이 눈앞에 다가왔을 때에야 보이는 것이 있고 들리는 것이 있다.
내 나이도 어느 새 일흔을 바라보고 있다.
순간순간 지금이 마지막이라는 생각으로 살아가고 있다.
- 김혜란, 이영복/다비다자매들의 '사랑수레' 중에서 -

'사랑수레'의 공동저자이자, 싱글맘을 섬기는
다비다자매회 회장인 김혜란 목사님의 애절한 글이다.
1988년 11월 목사님의 남편 김환영 집사님이
급성 폐암으로 3개월 선고를 받고,

1989년 1월 SC교회 성전 앞 자리에서 남편과 함께 손을 꼭 잡고
생애 마지막 예배를 드린 것을 회상하면서 쓴 글이다.
김환영 집사님은 사랑하는 가족들 앞에서 즐겨 암송했던
아래 갈라디아서 2장 20절 성경구절을 천천히 암송하며
조용히 이별을 하셨다고 한다.

내가 그리스도와 함께 십자가에 못박혔나니
그런즉 이제는 내가 산 것이 아니요
오직 내 안에 그리스도께서 사신 것이다

부창부수(夫唱婦隨)라고 해야 할 것 같다.
그렇게 39세 때 사랑하는 남편과 사별하여 홀로된 김혜란 목사님은
홀로된 여성을 돌보는 싱글맘 사역을 고민하던 목회자들과 함께
1994년 1월 다비다자매회를 설립하여 지금까지
다비다자매회 회장으로서 23년간 싱글맘 사역을 계속하고 있다.

인간의 사랑은 부부애든 형제애든 심지어는 모성애까지도
결국은 이기적인 사랑이며 변할 수 있는 사랑임을 알게 하셨다.
나는 비로소 하나님을 바로 볼 수 있게 되었으며
하나님 앞에서 내 모습을 돌아보게 되었다.
- 김혜란의 '외발수레' 중에서 -

순간순간 지금이 마지막이라는 생각으로 살아가는 삶,
변하지 않는 하나님을 의지하는 삶.
그것이 곧 우리들이 가져야 할 올바른 삶의 태도가 아닐까?

"주님~" 이라고 불러 보자.
부를 힘조차 없을 때는 신음소리라도 내자.
당신의 외아들 예수를 우리들의 죄를 씻기 위하여
속죄 제물로 십자가에 못 박혀 죽게 하신
위로의 하나님께서 달려오실 것이다.
하나님께서 일으켜 세워 주실 것이다.
난 그 사실을 믿는다.

20 나는 무엇을 품고 사는가

품고 있는 것이 우리의 모습을 결정합니다.
불평을 품으면 불평이 드러나고
감사를 품으면 감사가 드러납니다.

악을 품으면 악이 드러나며
선을 품으면 선이 드러납니다.

돈을 품으면 돈이 드러나고
사람을 품으면 품고 있는 사람이 드러납니다.

크리스천은 예수님을 품어
그분이 드러나게 하는 사람입니다.

최근에 탁영철 목사님이 발간한 '기다림은 희망이다' 에
실린 글이다.
나는 무엇을 품고 사는가?
나는 여전히 육신의 정욕과 안목의 정욕과
이생의 자랑을 품고 있다.

나는 언제 온전히 예수님만을 품을 수 있을까?
감사를 품고, 선을 품고, 사람을 품고,
무엇보다도 예수님을 품고 살아가자.
예수님만으로 만족하는 삶을 살자.

우리가 말과 혀로만 사랑하지 말고
행함과 진실함으로 하자
- 요한일서 3장 18절 -

21 꿀벌 같은 사람

책에서 흥미로운 내용을 읽었습니다.
저자는 사람을 곤충에 빗대어 세 종류로 구분했습니다.

첫째는 거미 같은 사람입니다.
거미는 거미줄을 쳐 놓고 걸려들기만을 기다립니다.
자신은 땀 흘리거나 수고하지 않고
남의 것을 빼앗아 먹는 사람입니다.

둘째는 개미 같은 사람입니다.
부지런하고 근면한데 자기중심적으로 사는 사람입니다.
내가 일한 것으로 내가 누리고
즐긴다는 일차원적 사고로 살아갑니다.

셋째는 꿀벌 같은 사람입니다.
꿀벌은 열심히 날아다니며 꿀을 모읍니다.
그리고 이 꽃 저 꽃을 날아다니며
수술과 암술을 붙여주어 열매를 맺게 도와줍니다.
자신의 일을 열심히 하면서
주변 사람들에게 도움을 주는 그런 사람입니다.

많은 사람들이 꿀벌 같은 사람을 그리워하지만
꿀벌이 되려는 사람은 많지 않습니다.
오히려 우리 마음속에서는 거미처럼 사는 인생을 꿈꿉니다.
그러나 거미처럼 사는 사람이 많아지면
그 사회는 폐허만 남게 됩니다.
우리 사는 세상의 평화는 꿀벌 같은 사람들의
희생과 나눔으로 이어집니다.
모두가 꿀벌이 될 수는 없을지라도
꿀벌처럼 사는 사람들을 응원할 수는 있습니다.
많이 가진 사람보다 많이 나누는 사람이 존경받는 사회,
우리가 함께 꿈꾸는 사회이길 기대합니다.

지하철역마다 게시되어 있는
'사랑의 편지'에 실린 조봉희 목사님의 감동적인 글이다.

우리는 알게 모르게 꿀벌의 삶을 살고 있다.
농부가 벼농사를 지어 쌀을 생산하는 것도,
선생님이 아이들을 가르치는 것도,
공장에서 공산품을 생산하는 것도,
과일가게에서 과일을 파는 것도
모두 꿀벌처럼 일하는 것이다.

그러나 거미나 개미처럼 이웃에게
전혀 유익이 되지 않는 삶도 있다.
조폭처럼 상인들로부터 돈을 갈취하는 사람은
거미 같은 사람일 것이고,
대기업이 빵가게 하는 것과 같이 수단과 방법을 가리지 않고
돈만 벌려는 사람은 일종의 개미 같은 사람일 것이다.

어떻게 보면 '순리대로' 돈을 벌고,
'합당하게' 일을 하면 아무 문제가 없을 것이다.
꿀벌 같은 사람들이 자유롭게 일할 수 있는
사회가 곧 반칙이 아닌 상식이 통하는 사회다.

다시 꿀벌 이야기로 돌아가자.
겨울에 태어난 일벌의 수명은 6개월,
여름에 태어난 일벌의 수명은 1개월 정도이다.
일벌이 그동안 모으는 꿀의 양은 약 5g,이
꿀은 벌집에 저장되어 있는 동안 1g으로 농축된다.
따라서 꿀 한 병에는 일벌 수백마리가
평생 모은 것이 담긴 셈이다.
꿀을 먹을 때 감사히 먹어야 하는 이유다.
내가 내 돈 내놓고 먹는 과일도
수많은 꿀벌 같은 사람들의 수고가
깃들어 있음은 주지의 사실이다.
과일 하나 먹을 때도 감사한 마음으로 먹자.
그렇게 우리는 서로가 서로에게
사랑의 빚을 지고 살아가는 것이다.

꿀벌은 자신의 일을 열심히 했을 뿐인데
이웃인 꽃들에게 열매를 맺게 해준 것처럼
남을 돕는 것도 꿀벌처럼 자신의 일을 열심히 하는 것이
곧 남을 돕는 일이 아닐까?
기왕 사는 인생 거미나 개미 보다는
꿀벌 같은 삶을 살다가 가자.

22 정답은 답이 아니다

정답은 답이 아닙니다.
해결책도 답이 아닙니다.
공감이 답입니다.
공감은 듣는 것부터 시작됩니다.
말하는 것은 내 존재의 일부를 주는 것이지만,
듣는 것은 내 존재의 전부를 주는 것입니다.
마음으로 듣는 것,
즉 공감이 소통의 핵심입니다.
통즉불통, 불통즉통(通則不通, 不通則通)
통하면 아프지 않고,
통하지 않으면 아프다는 뜻입니다.
인류의 문제는 소통의 문제입니다.
예수님께서 십자가에서 하신 일은 소통입니다.
죄로 인해 막혔던 하나님과 인간, 인간과 인간 사이에
소통의 길을 여셨습니다.
이 진리를 깨닫는 사람이 먼저 화해의 손을 내미십시오.
돌이키십시오.
여러분 가정이 회복될 것입니다.

두란노 아버지학교 이사장이신
김성묵 장로님의 부부생활에 관한 강의 내용 일부이다.
아내가 "여보, 나 아파"라고 말하면,
대부분의 남편들은 "약 먹어, 병원에 가봐"라고 답할 것이다.
나도 비슷한 답변을 할 것 같다.
아내의 "나 아파"라는 말은
힘들고 아프니까 좀 공감해달라는 말인데,
남편들은 그렇게 해결책만 이야기 한다.
나도 그렇게 해결책만 이야기하고,
'공감'하지 못한 것을 반성한다.
'듣는 것은 내 존재의 전부를 주는 것'이라는
말씀에 공감하고 공감한다.
지금 이 시간부터라도 공감의 삶을 살자.

23 창작 뮤지컬 '모세스(MOSES)'

내가 섬기는 이수교회 성도인 차지은 집사님이
모세의 어머니 요게벳으로 출연한
창작뮤지컬 '모세스'를 관람하고 왔다.

"우리 아가 고통스러운 삶이라 해도 항상 웃어라.
우리 아가 부디 힘껏 행복해라.
사랑한다 우리 아가"

요게벳이 모세를 갈대상자에 담아
나일강으로 보내면서 부르는 노래 일부다.
차지은 집사님의 애절한 목소리 때문에
노래가사가 더 마음에 와 닿았다.
아무리 힘들더라도 '항상 웃고',
아무리 괴롭더라도 '힘껏 행복하라'는 말은
이 세상을 살아가는 우리들에게 한 말 같았다.
중간중간에 람세스와 모세 장인의 유머스런 대사는
관객을 크게 웃게 한다.
주인공 모세 역을 맡은 박정인의 노래도 좋지만,

모세스가 데뷔작인 아론 역을 맡은
김인선의 목소리는 정말 예술이다.
모세의 아내 십보라가 모세에게 해주는 노래는
예수님이 우리에게 한 말 같았다.

"당신이 행복하면 좋겠어
제발 행복해줘요"

24 이수성결교회 임직감사예배
김양홍 답사

다 하나님의 은혜입니다.
사랑하는 이수교회에 장로 장립, 명예권사 추대, 권사 취임
임직예식을 허락해주신 하나님께 진심어린 감사를 드립니다.
먼저 부족한 저를 신앙인으로 인도해주시고,
많은 사랑을 베풀어 주신 이수교회 박정수 담임목사님과
성도 여러분께 깊은 감사를 드립니다.

더불어 지금의 제가 있기까지 말씀과 기도로 양육해주신
천안교회 권석원 원로목사님과 성락교회 지형은 담임목사님께
고개 숙여 감사인사 드립니다.
오늘 권석원 목사님이 주신 말씀대로,
이 세상 끝 날까지 십자가를 붙들고,
십자가를 바라보면서 살아가겠습니다.

또한 바쁜 주일임에도 임직순서를 맡으셔서
설교와 기도, 격려사와 권면, 축사로
사명을 깨우쳐 주신 목사님들과 장로님들께도
감사인사 드립니다.

아울러 오늘 임직선물로 드릴
'변호사 김양홍의 행복한 동행2'를 출간해주시고 많은 책을 찬조해주신,
모리슨 출판사 최순환 목사님께도 감사인사 드립니다.

무엇보다도 곁에서 늘 응원해주고, 사랑해준 가족들에게
임직자들을 대신하여, 감사와 사랑의 인사를 드립니다.

오늘 장로로, 명예권사로, 권사로 임직받은 우리들은,
박정수 담임목사님의 신실한 동역자가 되고,
성도들에게 참된 예수님의 제자의 본을 보이며,
예수님의 지상명령인 전도와 선교에 부흥의 불씨가 되도록,
늘 마음과 뜻을 다하겠습니다.

24년간 도로청소부로 헌신하신 저의 아버지의 모습으로
성도 여러분들을 섬기고,
40년간 초등학교 교사로 헌신하신 저의 장인어른의 모습으로
성도 여러분들을 보살피겠습니다.
그리고 이 자리에 계신 분들 중에서
아직까지 예수님을 영접하지 않으신 분들은
오늘 우리 이수교회에 꼭 등록하고 가십시오.
제가 새가족부 섬기는 장로로서, 겁나게 잘 섬기겠습니다.

끝으로 오늘 참석하여 축복해주신 목사님들과 장로님들,
이수교회 모든 성도님들과 천안교회 가족 여러분,
반포중 부자유친 아버지회 회원들을 비롯한
이 자리에 함께 해주신 모든 분들께 다시 한번 감사드리며,

모든 영광과 감사를 주님께 올려 드립니다.
사랑하고 축복합니다.

장로장립패

장로 김양홍

귀하는 주님의 몸 된 교회의 충성스런 일꾼으로
믿음과 성품과 봉사사역에 본이 되어
담임목사를 도와 교회 부흥과 발전에 헌신함으로
교단헌법 절차에 따라 이수교회 장로로 장립 받음을
진심으로 축하드리오며 이를 기념하여 이 패를 드립니다.

"네가 죽도록 충성하라 그리하면
내가 생명의 면류관을 네게 주리라"
(요한계시록 2장 10절)

주후 2017년 4월 30일
이수교회 담임목사 박정수

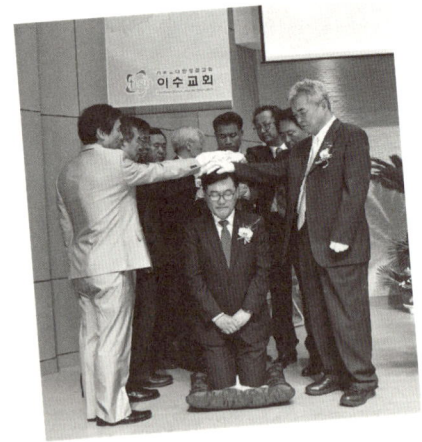

25 김양홍 추도사

이름도 없이, 빛도 없이
예수님처럼 우리들을 섬겨주셔서 감사합니다.
많이 보고 싶을 거에요.
안녕히 가십시오.
사랑합니다.
이수성결교회 성도 일동

내가 훗날 소천했을 때
내가 섬기고 있는 이수성결교회 성도님들이
써주셨으면 하는 추도사이다.
기독교대한성결교회 서울 강남지방회 장로후보자 교육시간에
어느 장로님이 내주신 숙제이다.
이수성결교회 성도들이 기쁜 마음으로
위 추도사를 쓸 수 있도록 바른 삶을 살고 싶다.
그렇게 이름도 없이, 빛도 없이 마음을 다해
우리 성도들을 섬기다 하늘나라 가고 싶다.

제4편
이런 저런 이야기

01 나의 버스킷 리스트 (bucket list)

버킷 리스트(bucket list)란 죽기 전에
꼭 해보고 싶은 일과 보고 싶은 것들을 적은 목록을 가리킨다.
나의 버킷 리스트 10가지를 생각해 보았다.

1. 마음도 몸도 건강한 할아버지 되기
2. 이수성결교회 원로장로 되기(시무장로로 20년간 이수성결교회 섬기기)
3. 매년 아내와 단둘이 1박2일 이상 여행하기
4. 손자나 손녀 중 1명 훌륭한 정치인으로 키우기
5. 매년 같은 장소에서 가족사진 찍기
6. 매년 1권 이상 책 출간하기
7. 중국으로 유학가서 중국에서 중국어로 '행복한 동행' 출간하기
8. 60세부터 10년마다 북콘서트
9. 법무법인 서호 명의로 사무실이나 건물 취득
10. 재단법인 상촌(桑村, 김양홍 고향) 설립하여
청소년 장학사업, 인도/캄보디아/중국/에티오피아 선교사업,
다비다자매회(싱글맘을 섬기는 사단법인) 후원사업

다른 것은 못하더라도 앞에 3가지는 꼭 이루고 싶다.

아내로부터 "다시 태어나도 당신이랑 결혼하고 싶다"는 말을 듣고 싶다.
나는 아내에게 못해준 것을 해주기 위해서라도 꼭 다시 결혼하고 싶다.
내가 하나님의 부르심으로 소천할 때
아내로부터 "당신이랑 살아서 행복했다"는 말을 듣고 싶다.
사내로 태어나서 아내로부터 인정받으면
다 이룬 것 아닐까?

02 존경하는 서방님과 사랑하는 아내 나주옥

변산반도로 여행가는 버스 안에서
서로의 핸드폰에 저장된 상대방의 명칭을 확인했다.
종전에 핸드폰에 저장된 명칭은 '서방님과 나주옥'이었는데,
'존경하는 서방님과 사랑하는 아내 나주옥'으로 바뀌어 있었다.
사람은 그대로인데, 명칭이 바뀐 것이다.
아니 마음가짐이 바뀌었다.

남편이 아내에게 가장 바라는 것은 무엇일까?
그것은 아내로부터 인정받는 것 아닐까?
아내가 그 이야기를 듣고 석달 전 쯤 바꾸었다고 한다.

나는 아내 이름을 존중한다는 마음으로
아내나 ○○엄마 대신 나주옥으로 저장했는데,
아내가 항의해서 원하는대로 바꿔줬다.
아내가 남편에게 가장 바라는 것은 사랑 아닐까?

서로가 서로에게 서로 원하는 것을 해주는 것이 사랑이다.
남편이 아내로부터 인정받는 것과
아내가 남편으로부터 사랑받는 것은 같은 말이다.

아내들이여 자기 남편에게 복종하기를 주께 하듯 하라
이는 남편이 아내의 머리 됨이
그리스도께서 교회의 머리 됨과 같음이니
그가 바로 몸의 구주시니라
그러므로 교회가 그리스도에게 하듯
아내들도 범사에 자기 남편에게 복종할지니라
남편들아 아내 사랑하기를
그리스도께서 교회를 사랑하시고
그 교회를 위하여 자신을 주심 같이 하라
- 에베소서 5장 22~25절 -

03 전복 한 개의 기쁨

주일 아침 아내가 전복 9개를 넣은 맛있는 된장찌개를 끓였다.
그런데 내 자리에 놓은 국그릇 안에 전복이 3개나 들어 있었다.
나의 아내는 아내 보다는 엄마의 직분에 더 충실하다.
그래서 늘 딸·아들이 우선이었는데,
오늘 아침은 실수였는지는 모르지만 남은 전복 한 개가
딸·아들의 국그릇이 아닌 내 국그릇에 들어 있었던 것이다.
전복 한 개를 더 먹어서 기쁜 것이 아니라
아내가 딸·아들 보다 나를 먼저 생각해줬다는 것이 기분 좋았다.
확실히 나는 먹는 것에 아주 예민하다.
또한 부모는 자녀에게 나 보다 부모를
즉, 이웃을 먼저 생각하는
마음을 심어줘야 한다는 것이 평소 생각이다.
부모조차 먼저 생각하지 않는 사람이
어떻게 이웃을 먼저 생각할 수 있겠는가?
오늘 아침 전복 한 개 때문에 너무 행복하다.
새벽부터 단비가 시원하게 내린다.

아내들이여 자기 남편에게 복종하기를 주께 하듯 하라
- 에베소서 6장 22절 -

04 나부터 철들자

아무런 대가 없이 주기만 해도 좋은가?
내가 대신 아프거나 죽어도 좋다고 생각하는가?
떠올리기만 해도, 바라만 봐도 그냥 웃음이 나오는가?
그렇다면 당신은 진짜 사랑을 하고 있다.
진짜 부모가 된 게 맞다.
- 조병국의 '할머니 의사 청진기를 놓다' 중에서 -

6만 입양아의 주치의이자 엄마였던
홀트아동병원 조병국 원장의 50년 의료일기에 있는 글이다.
고등학교 3학년 딸, 고등학교 1학년 아들을 둔 나는
아직 진짜 부모가 덜 된 듯 하다.

아무런 대가 없이 주기만 해도 좋고,
아이들을 위해 내가 대신 아프거나 죽을 수는 있겠는데,
떠올리기만 해도, 바라만 봐도 그냥 웃음이 나오지는 않는다.
떠올리기만 해도 걱정태산이다.
내 뜻대로 아이들을 키우려고 해서 그러는 것 아닐까?
아이들이 어떻게 살았으면 하는 욕심 때문 아닐까?

이성적으로는 그 욕심을 버려야 한다는 것을 알면서도
쉽게 못 버리고 있다.
나이 50살이 되어서도
진짜 부모가 되지 못한 나의 모습이 밉다.
오늘부터라도 진짜 부모가 되도록 노력하자.
나부터 철들자.

05 덕업일치 (德業一致)

덕업일치는 일본어 오타쿠(オタク : 좋아하는 한 가지 분야에 몰두하는 사람들)를 누리꾼들이 소리가 비슷한 오덕후로 바꾼 데서 나온 '덕후'와 직업을 뜻하는 '업'을 합친 신조어이다. 좋아하는 분야에서 일하는 사람들을 말한다. 동아일보 2020행복원정대 취재팀과 취업 포털 잡코리아가 20대 849명을 대상으로 조사한 결과 응답자의 87.9%는 "취미·적성에 맞는 직업(덕업일치 일자리)을 찾는 것이 행복을 좌우한다"고 답했다. 방송국 PD를 꿈꾸다 종이비행기 날리기로 명성을 얻어 회사까지 세운 위플레이의 이정욱 대표(30)는 "사람들은 '꿈이 밥 먹여 주냐'고 이야기하지만 '꿈을 포기하면 밥이 꿈을 살려 주느냐'고 되묻고 싶다"고 말한다. 덕업일치가 일을 통한 행복을 느끼게 해줬다는 것이다.
- 동아일보 2017. 4. 5. A8면 기사 일부 -

취미와 적성에 맞는 직업을 갖는다는 것은
그 자체만으로 행복할 것 같다.
모든 사람들이 좋아하는 일과 직업이 같은 수는 없을 것이다.
우리 아이들에게 좋아하는 일을 찾아주는 것은
우리 모든 부모들의 책무가 아닐까?
나부터 언행일치의 삶을 살자.
우리 아이들 모두가 느티나무, 장미꽃일 필요는 없지 않는가?

06 자식을 타인처럼 취급해라

"자식을 타인처럼 취급해라."
엊그제 만난 군법무관 동기형이 나에게 해준 말이다.
자식을 타인처럼 취급해야 자식에게도 예의를 지킬 수 있다는 것이다.
우리는 자식을 자신의 부속물로 여기거나
내가 이루지 못한 꿈을 이루어주는
나의 대역쯤으로 여기는 경우가 많다.
자식은 바램의 대상이 아니라 사랑의 대상이다.

사랑은 오래 참고 사랑은 온유하며 시기하지 아니하며
사랑은 자랑하지 아니하며 교만하지 아니하며
무례히 행하지 아니하며 자기의 유익을 구하지 아니하며
성내지 아니하며 악한 것을 생각하지 아니하며
불의를 기뻐하지 아니하며 진리와 함께 기뻐하고
모든 것을 참으며 모든 것을 믿으며
모든 것을 바라며 모든 것을 견디느니라
- 고린도전서 13장 3~7절 -

위 고린도전서 13장 말씀은
부모가 자식을 어떻게 대하여야 하는 지를
정해 놓은 삶의 지침서 같다.
특히 부모는 자식 앞에서
모든 것을 참으며,
모든 것을 믿으며,
모든 것을 바라며,
모든 것을 견뎌야 한다.
그것이 사랑이다.

07 각서와 특약사항 그리고 확인서

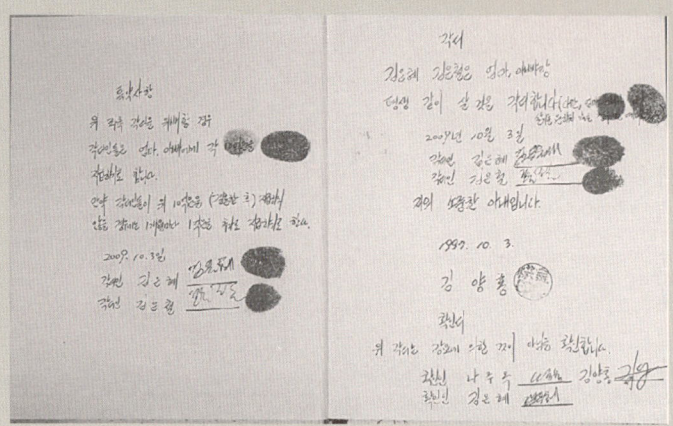

각 서

김은혜 김은철은 엄마, 아빠랑
평생 같이 살 것을 각서합니다.
(다만, 엄마, 아빠가 같이 살기를 원하지
않을 경우에는 예외로 한다.)

2009년 10월 3일
각서인 김은혜 (서명 무인)
각서인 김은철 (서명 무인)

특약사항

위 각서를 위배할 경우
각서인들은 엄마, 아빠에게 각 10억원을
지급하기로 한다.
만약 각서인들이 위 10억원을 (결혼한 후)
지급하지 않을 경우에는 1개월마다
1억원을 추가로 지급하기로 한다.

2009. 10. 3.
각서인 김은혜 (서명 무인)
각서인 김은철 (서명 무인)

확인서

위 각서는 강요에 의한 것이 아님을 확인합니다.

확인인 나주옥 (서명) 김양홍 (사인)
확인인 김은혜 (서명)

1999년 어느 가을날 나와 아내가
딸 은혜가 11살, 아들 은철이가 9살 때 받아 놓은
각서와 특약사항 그리고 확인서이다.

정용철 선생님의 사진산문집 '아름다움을 향한 그리움'
책 앞 장에 받았다.
나는 왜 위 각서를 받았을까?

위 산문집에 이런 아름다운 글이 있다.

어떤 사람에게 좋은 감정을 느끼는 것만큼
흐뭇한 일은 없을 것입니다.
어떤 이에게 '사랑한다'는 말을 하는 순간만큼
빛나는 순간도 없을 것입니다.
우리들은 어쩌면 좋아하는 사람과의 따뜻한 마음의 교류,
사랑하는 사람과의 부드러운 느낌을 호흡하면서
하루하루, 순간 순간을 지탱하며
살아가고 있는지도 모릅니다.

당시 나도 사랑하는 딸·아들과의 부드러운 느낌을 평생 함께 호흡하고 싶어서 위 각서를 받은 것 아닐까? 암튼 우리 부부는 절대적으로 유리한 꽃놀이패를 받았다. 여차하면 딸·아들과 함께 살지 않아도 되고,
딸·아들이 함께 살지 않으면
매월 1억 원의 위로금까지 받을 수 있으니
이 어찌 좋지 아니한가?

이러므로 남자가 부모를 떠나 그의 아내와 합하여
둘이 한 몸을 이룰지니라
- 창세기 2장 24절 -

지금 나는 위 꽃놀이패를 고집할 생각이 없다.
요새는 남자가 부모를 떠나는 것이 아니라
부모가 자녀를 떠나는 것이 더 행복하게 사는 지름길인 것 같다.
그래서 우리 부부는 성경말씀대로 살기로 했다.

08 얼른 할아버지가 되고 싶다

문상 다녀오는 길에 택시를 탔는데,
올해 70세 할아버지 택시기사님이 나보고,
"손주 보셨냐?"고 물으시고,
대뜸 "오늘을 70% 생각하고, 내일을 30%만 생각하라"고 하셨다.
기사님은 연이어 "오늘을 즐겁게 살라" 하신다.

내공이 깊은 철학자 택시드라이버이시다.
나의 꿈은 건강한 '할아버지'가 되는 것인데,
그 꿈에 한 발 더 가까이 다가간 것 같아 행복하다.
암만 그래도 나는 손주 보기에는 조금 이른 나이 아닐까?
암튼 언젠가 내 손주 볼 생각하는 것만으로도 참 기분 좋다.
얼른 할아버지가 되고 싶다.

09 오늘 수능일이다

주께서 인생으로 고생하게 하시며 근심하게 하심은
본심이 아니시로다
- 예레미야애가 3장 33절 -

오늘 수능일이다.
수능 때문에 고생하게 하시고 근심하게 하심은
본심이 아니심을 믿는다.
지금까지 지켜주시고 함께 해주심을 감사한다.
그냥 감사하다.
고3 딸을 둔 아버지로서
오늘 사랑하는 딸의 평강과 '하나님의 기적'을 기도했다.

평강의 하나님께서 속히 사탄을
너희 발 아래에서 상하게 하시리라
우리 주 예수의 은혜가 너희에게 있을지어다
- 로마서 16장 20절 -

10 공기밥 하나 더

제11기계화보병사단 9여단 장병들을 대상으로
'군대 인권과 행복한 동행' 강의하러 갔다가(2017.12.19.)
부대 앞 '황구생각' (뜻 : 누런개 생각) 식당에서 김치찌개를 시켰는데,
식당 주인이 밥 먹고 부족하면 더 먹으라고
미리 공기밥을 하나 더 갖다 주셨다.
묵은지로 만든 김치찌개가 너무 맛있어서
밥 한 그릇 더 먹었는데,
밥값도 더 안 받으셨다.
식당주인의 그 따뜻한 마음이
오늘 나를 행복하게 한다.

11 오늘이 행복해야 내일이 행복하다

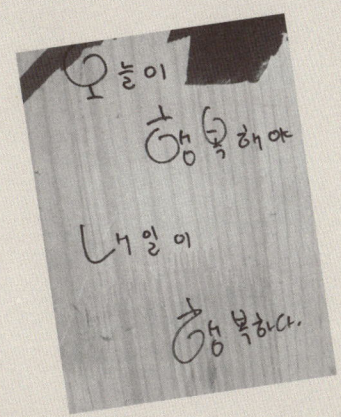

구반포역 근처 구두, 우산 등을 수선하는
수선집 출입구에서 써있는 글이다.
'오늘이 행복해야 내일이 행복하다.'
3평 정도 밖에 안되는 비좁은 공간에서
세 분이 형제들처럼 오손도손 일하는 곳이다.
불행도 수선해줄 것 같은 참 따뜻한 장소다.

내일의 행복을 위해서 오늘의 행복을 희생하지 말자.
내일 일은 모른다.
성경말씀대로 내일 일은 내일이 염려하게 하자.
오늘이 행복해야 내일이 행복하고, 오늘이 행복해야 내일도 행복하다.

오늘 나를 행복하게 하고, 오늘 나의 이웃을 행복하게 해주자.
오늘 행복 바이러스를 마구마구 퍼트리자.
그래서 이 가을이 가기 전에 우리 모두 '행복감기'에 걸리자.

**우리 각 사람이 이웃을 기쁘게 하되
선을 이루고 덕을 세우도록 할지니라**
- 로마서 15장 2절 -

12 아픔을 나눌 수 있는 관계가 진짜 사람관계이다

많은 시간을 보낸다고 절친한 것도 아니고
자주 못만난다고 소원한 것도 아닙니다.
말이 많다고 다정한 것도 아니고
말이 없다고 무심한 것도 아닙니다.
늘 겉보다 속입니다.
- 조정민의 '사람이 선물이다' 중에서 -

오늘 서울중앙지방법원 재판 갔다가
본법원 승강기 '마음의 양식'에 게시된 글이다.
변호사라는 직업은 말을 많이 해야 하고, 말을 많이 들어줘야 한다.
또한 대화중에도 대화가 끊기지 않도록
다음 대화거리를 생각해야 할 때가 많다.
그래서 나는 아주 가까운 사람을 만나면
오히려 말수가 현저하게 줄어든다.
말이 없다고 무심한 것이 아니다.
"Out of shight, out of mind.
"맞다.
사람관계는 안보면 멀어지는 것이 세상이치다.

그런데 진짜 친구는 그런 것 같지 않다.
1년에 한두 번 밖에 못보더라도…
좋아하는 친구 한 명 꼽으라고 하면,
나는 주저하지 않고, '한창용'이라고 말한다.
그 친구는 중학교동창이고,
하는 일도 전혀 다르고, 광주-서울 떨어져 살지만,
나의 아픔을 함께 나눠준 귀한 벗이기 때문이다.
자주 못 만난다고 소원한 것이 아니다.

가족은 왜 다른 사람들 보다 가깝게 느껴질까?
기쁨과 슬픔을 함께 한 시간이 많기 때문 아닐까?
기쁨은 누구와도 함께 할 수 있으나,
아픔은 쉽게 함께 하기 어렵다.
결국, 아픔을 함께 나눌 수 있는 관계가 진짜 사람관계이다.

13 사람과 물고기는 비슷하다

사람과 물고기는 비슷하다.
사람이나 물고기는 입을 잘못 벌리면 생을 마감할 수도 있고,
어려운 상황에 처할 수도 있기 때문이다.
입 조심하자.
입이 시키는대로 하면 망한다.
어제밤 내가 달아놓은 지렁이를 물어준
메기 5마리, 빠가사리 4마리 꼴 되지 않으려면 …

오랜만에 본 낚시터(천안 석곡지)의 노을
그리고 어제밤 함께 해주신 천안성결교회 피상학 장로님과
양정환 안수집사님, 이른 아침잠에서 깨자마자 달려와 준
서영진 집사님의 사랑에 참 행복했다.

행복은 그렇게 가까이에 있었다.
행복은 그렇게 가까이에 있는 것을
발견하기만 하면 된다.
오늘의 행복도 그렇게 발견하기를 기대한다.
입 조심하면서 …

물고기는 항상 입으로 낚인다.
인간도 역시 입으로 걸린다.
- 탈무드 -

14 꽃도 산이다

유명 산악인이 나에게 해준 말이다.
산 주변에 사는 사람도 산이고,
꽃도 산이다.
산 정상만이 산이 아니고
산이나 산 주변에 있는 모든 것이 산이라는 뜻이다.
우리들 인생도 마찬가지 아닐까?
내 곁에 있는 모든 존재가 나의 인생이다.
오늘이 인생이다.
무엇하나 소중하지 않은 것이 없다.
가을하늘이 유난히 이쁘다.
눈에 보이는 것과
눈에 보이지 않는 것
이 모든 것을 사랑한다.

15 이웃 봉사는 나랏일이다

주말 아침 고등학교 1학년 아들이
기아대책에서 주관하는 죽을 만들어 어려운 이웃들에게
나눠드리는 봉사하러 갔다.
그래서 아들에게 "나랏일 잘 하고 오라"고 기도해줬다.
아들은 그것이 무슨 나랏일이냐고 반문했지만,
"이웃을 섬기는 일이 곧 나랏일이다"라고
앵무새처럼 같은 말을 했다.
더 이상 무슨 설명이 필요한가?

나라가 하는 일 모두가 국민
즉, 우리 모두의 이웃을 위하는 일 아닌가?
이웃을 섬기는 일은 큰 일이든 작은 일이든
나랏일 한다는 마음가짐으로
마음을 다하고,
힘을 다하고,
뜻을 다해야 할 것이다.
또한 도산 안창호 선생 말씀처럼,
작은 일에 최선을 다하는 것이
곧 나라사랑하는 길이다.

16 결혼과 이혼 그리고 재혼

판단력이 부족해서 결혼하고,
인내력이 부족해서 이혼하고,
기억력이 부족해서 재혼한다.

오늘 아침 서울지방변호사회에서 주관하는
중국어 수업 시간에 어느 변호사님이 중국어로 하신 말씀이다.

因为缺乏判断力,
所以结婚, 由于缺乏耐心,
离婚, 由于记忆力差, 所以再婚。

변호사로서 이혼 등 가사소송을 많이 하다 보니
매우 공감가는 말이다. 인터넷을 검색해보니
'이해력이 부족해서 이혼한다'는 표현도 있다.
그 말도 공감한다.

결혼과 이혼, 재혼을 실패하지 않으려면
이 말을 되새기면 되지 않을까?

그리고 여기에 두 가지를 더하면
더 올바른 판단을 할 수 있을 것이다.

첫번째는 가족들의 조언을 경청하는 것이다.
이 세상에서 나를 조건 없이 사랑하는 사람은 가족 아닐까?
결론을 내려놓고 가족들의 조언을 듣지 말고,
가족들의 조언을 듣고 결론을 내려야 한다.

두번째는 사랑이다.
사랑으로 결혼하고, 사랑으로 이혼하고,
사랑으로 재혼한다면 후회는 사랑한 만큼 덜 할 것이다.
이혼하는데 무슨 사랑으로 하냐고 반문할지 모르겠다.
그렇지만 헤어질 때 잘 헤어져야 한다.
가능한 한 상처 주는 말을 덜 하고,
가능한 한 재판상 이혼 보다는
협의이혼이나 조정으로 끝내야 한다.
내가 경제적으로는 조금 더 손해보더라도
그렇게 헤어지는 것이 훨씬 지혜로운 태도이다.
헤어지는 배우자가 불행하게 되기를 바라기보다는
서로가 서로의 행복을 기원하면서 헤어지는 것이
서로의 행복을 위해서도 바람직하다.
그래서 결혼도, 이혼도, 재혼도
사랑으로 해야 한다.

미움은 다툼을 일으켜도 사랑은 모든 허물을 가리느니라
- 잠언 10장 12절 -

17 비는 그치게 되어 있다

"삶은 어떻게든 살게 되어 있고,
시간은 흐르게 되어 있다."

어느 날 아내가 나에게 한 말이다.
비는 그치게 되어 있고,
밤이 지나면 아침 해가 떠오르게 되어 있다.

18 무한도전

모임 뒷풀이 자리에서 김홍신 선생님이
"무한도전"을 건배사로 제창하셨다.

"무"조건 도와주고,
"한"없이 도와주고,
"도"와달라고 하기 전에 도와주고,
"전"화하기 전에 도와주자.

"무한도전" 건배사처럼,
서로가 서로를 마음을 다해 도와주자.
돕는 것을 몰라준다고 서운해 말자.
하나님이 지켜보시고,
갚아 주실 것이다.

서로 대접하기를 원망 없이 하고
각각 은사를 받은 대로 하나님의 여러가지 은혜를
맡은 선한 청지기 같이 서로 봉사하라
- 베드로전서 4장 9~10절 -

19 골프공을 소중히 해라

2017년 3월 마지막 날이 지나가는 것이 아쉬워 봄비가 내리는 날
김홍신 선생님, 박기찬 용산구상공회 회장님,
문쾌출 전국보일러설비협회 회장님과 함께 골프를 했다.
춘천에 있는 골프장 클럽하우스에 도착했을 때
비가 많이 내려 커피만 마시고 밖에서 점심식사 하기로 했는데,
때마침 비가 잦아들었고 여성 팀이 라운딩을 하러 나가는
모습을 보고 우리 팀도 같이 따라 나섰다.
18홀 내내 비를 맞고 운동한 것은 처음이다.
운동하는 내내 김홍신 선생님의 지혜로운 말씀을 들으면서
순간순간 배려하는 모습을 보면서 많이 느꼈다.

김홍신 선생님은 내 골프공이 OB나 헤저드에 들어가면
먼저 뛰어가서 공을 찾아주셨다.
평소 나는 여분의 공이 많아서
공 잃어버리는 것에 대해 크게 신경 쓰지 않는데,
선생님은 골프공을 보물 취급하셨다.
그 작은 골프공 하나를 소중히 하는 모습을 통해
작은 삶조차도 마음을 다해야함을 배웠다.

김선생님은 캐디에게 아무개씨라고 이름을 꼭 불러줘야 하고,
결코 반말을 해서는 안 된다고 하셨다.
맞는 말씀이다.
캐디는 자신의 일을 하는 직업인이다.
나이가 많고 적음을 떠나서 존댓말을 하자.
그렇게 하는 것은 내가 낮아지는 것이 아니라 내가 높아지는 길이다.

나는 어제 운동하면서 한 홀 걸러서 한 번씩 멀리건
(mulligan : 최초의 샷이 잘못 되도 벌타 없이 주어지는 세컨드 샷)을
받은 것 같다.
다행히도 비가 와서 그런지 뒷 팀이 늦게 따라왔다.
내가 티샷을 잘못해도 바로 만회할 수 있도록 멀리건을 주시니까
부담 없이 더 즐거운 마음으로 볼을 칠 수 있었다.
OK 거리도 후했다.

나는 비옷을 입고 세 분은 우산을 쓰시고 운동을 했지만,
비 내린다고 돌아갔으면 울 뻔했다.
"즐겁게 살지 않으면 불법이다."라는 김홍신 선생님의 평소 말씀대로
우리는 불법을 저지르지 않기 위해 18홀 내내 즐겁고 즐겁게 운동했다.
날씨도 좋지 않았고, 그린 사정도 좋지 않았지만,
함께 한 분들이 좋아서 모든 것이 좋았다.
참 행복한 동행을 했다.

20 아버지들의 놀이터

올해 반포중 부자유친 아버지회 OB 모임이 발족했다.
반포중을 졸업한 아들을 둔 아버지들의 모임이다.
올해 1월 초에 제주도에서 2박 3일 동안
배낚시, 등산 등을 하면서 출범식을 가졌다.
작년에 졸업한 아들을 둔 최연장자
큰형님(황선춘)이 계시고,
2015년 부자유친 아버지회를 잘 이끌어주신
셋째 형님(안영준)이 OB모임 회장이다.
회원들은 서로 나이가 많으면 형님,
적으면 동생, 같으면 친구다.

1년에 한번 정도는 해외여행을 가기로 했고,
어제 11명이 1박 2일로 강원도 양양에 왔다.
강릉에 근무하는 회원이 모임에 자주 못나오기에
서울에 사는 회원들이 응원차 함께 하러 온 것이다.
회원이 상을 당하면 회원들 대부분이 조문을 가고,
심지어 연이틀 상가집을 지키는 분도 있다.
월회비를 30년간 자동이체하는 것이 입회조건이다.

어른들에게도 어린이들처럼 놀이터가 필요하다.
그래서 사람들은 각종 모임에 들어가 여행, 취미생활 등을
함께 할 수 있는 친구를 만든다.
그런데 이 모임은 친목회 겸 아들들
동문회 겸 아버지들 상조회 성격이 함께 있다.
전문용어로 "1타 3피"다. 직업도 다양하고,
삶의 방식도 다르지만, 일단 모이면 금방 하나가 된다.
그리고 이 모임의 최대 장점이자 단점은 너무 건전하다는 점이다.

이 모임은 내 아들만 잘 되면 된다가 아니라
우리 아들들이 서로 도와주고 협력해서
함께 더불어 행복한 세상을 만들기를 소망하는 모임이다.

어제 오전에 출발한 팀은 수학여행 온 것처럼
설악산 케이블카를 타고 권금성에 다녀왔다.
속초 대포항에서 맛있는 저녁식사 후 가진
진지한 회의시간에서는 아빠와 아들이 함께 하는 1박2일 모임,
연말에 부부와 아들이 함께 식사하는 모임,
다른 아들 마니또(비밀친구라는 뜻의 이태리어)가 되어
함께 식사하기 미션,
해외여행 가는 문제,
회원 입회와 자격 요건 등에 관한 이야기를 나눴다.
아빠들의 수다는 엄마들의 수다 못지않다.
자정 무렵 쏠비치콘도 해변을 걷는 것으로 여정을 마쳤다.
추억을 추억 속에 남겨뒀다.

나와 친구 이홍근은 아침에 해변 갯바위에서 릴낚시를 했는데,
친구만 새끼 복어 2마리 잡았다.
잔뜩 겁에 질린 배불뚝 복어의 모습이 정겹다.
이 복어는 자신이 그렇게 하면 내가 겁먹을 줄 아나 보다.
겁나서 복어를 살려줬다.

아점(아침과 점심)을 속초의 명물 물곰탕 사돈집에서
한 참을 기다려 물곰탕과 가자미조림을 먹었는데,
맛이 '정일품'이다.

도로변에 활짝 핀 벚꽃 무리들이 새색시처럼 참 이쁘다.
벚꽃들이 서로 연락이라도 한 듯 동시에 꽃을 피웠다.
멀리 보이는 설악산 울산바위가 시샘하듯 우뚝 서 있다.

짧은 여정이었지만, 파란 하늘만큼 좋은 시간이었다.
행복한 동행이 참 행복이다.

21 분모인생과 분자인생

자우법조회(군법무관 출신 법조인 모임)
골프대회에 참가 한 후 군법무관 10기 동기들과 함께
집 근처에서 생맥주 한잔 하면서
분모인생과 분자인생에 대해 이야기를 나눴다.
1/100
누구든 100명 중 1등을 하고 싶은 것은 인지상정이다.
그렇지만 누군가는 99명이 되어야만 1/100이 될 수 있다.
그냥 내가 분모가 되어 주자.
그냥 아낌없이 주는 나무가 되자.
함께 한 군법무관 동기들 모두
분모의 삶을 살자고 다짐했다.
참 멋진 동기들이다.

지금 내리는 비도 식물들을 위해 기꺼이 분모가 될 것이다.
분모의 받침 'ㄴ'을 없애면 '부모'다.
분모의 삶은 곧 부모의 삶이 아닐까?

22 여행자클럽

내가 주말에 약속이 있는 날이 많다 보니
아내가 집에 혼자 있을 때가 많다.
그러던 아내가 혼자 놀 수 있는 놀이터를 찾았다.
'여행자클럽'이다.
트래킹 전문 여행사 이름이다.
버스에서 음주가무가 금지되어 있고,
혼자서도 마음 편히 여행을 즐길 수 있는 공간이다.

나도 9월 첫째주 토요일 아내를 따라
여행자클럽에서 진행하는
붉노랑 상사화가 피어 있는 변산 마실길과
채석강, 내변산 직소폭포를 다녀왔다.
작은 오솔길에 피어 있는 노란색 상사화와
바다를 함께 볼 수 있어 좋았고,
직소폭포 보러가는 길목 산 중턱에 있는 직소보가
주변 산들과 어우러져 한 폭의 동양화처럼 예뻤다.
나처럼 등산을 잘못하는 사람도
마음 편히 걸을 수 있는 쉬운 코스였다.

오늘도 여행자클럽에서 진행하는
정동진-동해 여행코스를 아내와 함께 다녀왔는데,
다비다자매회 회장이신 김혜란 목사님도 동행하셨다.
먼저 관광버스로 정동진으로 가서
정동 바다부채길 심곡항-정동진 3.8km를 걸었는데,
저절로 감탄이 나왔다.
제18호 태풍 '탈림' 때문에 비옷까지 준비했는데,
시원한 날씨 속에서 거센 파도를 원 없이 봤다.
울릉도 해안길인만큼 볼거리가 풍성했다.

정동진역 앞 식당에서 야리꾸리한 해물전복칼국수전골을 먹고,
정동진역에서 해안선 기차를 타고 동해역으로 이동한 다음
다시 묵호등대마을로 이동하여 등대마을을 둘러봤다.
마을 곳곳에 그려져 있는 벽화도 좋고,
무엇보다도 마을 정상에 있는 카페에서 먹은
호박죽과 팥죽은 맛이 일품이었다.

전망이 끝내준다.
내일 주일만 아니면 며칠 더 머무르고 싶은
참 아름다운 마을이다.
여행은 다리가 떨릴 때 하지 말고, 가슴이 떨릴 때 해야 한다.
인생의 다른 말은 여행이라고도 하지않던가?
기왕 가는 인생 여행길 함께 행복한 여행 하다가 천국 가자.

23 문래예술공장

가을하늘이 참 푸르다.
남부구치소에 피의자 접견을 다녀오는 길에
 '문래예술촌'을 방문하고 왔다.
귀에 거슬리는 철공소의 기계음과
예술작품이 공존하는 참 독특한 곳이다.

지하철 2호선 문래역 7번 출구를 나오면
 '문래예술공장'이라는 안내 표지판이 있다.
200m 정도 직진하면 철공소들이 보이고,
그 철공소들 사잇길로 들어가면
벽화, 카페, 음식점들이 철공소 사이사이에 들어서 있다.
처음에는 철공소 기계음이 듣기 싫었으나,
골목길을 걸어 다니다 보니 이내 정겨워진다.
우리 이웃들의 삶터 아닌가?

문래동은 일제시대 때부터 방적공장이 들어섰는데,
당시 방적기계를 '물래'라고 부르면서
이곳 지명인 문래동이 자리 잡혔다고 한다.

이후 철강공장, 철제상이 이곳에 밀집했고,
현재는 예술가들이 몰리면서 예술과 철공소가 공존하는 공간이다.

어떻게 철강산업의 메카였던 문래동이
현재 문래예술촌으로 변신한 것일까?
1980년대 후반 문래동은 대기오염이 심각해지자
서울시에서 철공소들을 외곽으로 이전시키려 했고,
이후 철공소의 빈자리가 늘어갔다.
그 무렵 저렴한 작업공간을 찾던 예술가들이
그 빈 공간을 메우기 시작한 것이다.

현재 문래동에 100여 개의 작업실이 있고,
약 200명의 예술가가 활동하고 있지만,
재개발이라는 이슈가 문래동을 달구면서
그들의 활동영역은 줄어들고 있다고 한다.

문래예술촌은 '지붕 없는 미술관'이다.
문래동 우체국 뒤편도 볼거리가 많다고 하는데,
그 곳은 둘러보지 못했다.
어느 지점에서 사진을 찍어도 작품사진이다.
우리 이웃들의 삶터라서 그런 것 같다.
또 가고픈 사람냄새 나는 곳이다.

24 세상 이치는 시험문제를 푸는 것과 같다

어느 날 동료 변호사가
"도저히 변호사 못해먹겠다."고 하면서 사무실을 들어왔다.
가사소송 상대방인 아내로부터
재판 후 법정 밖에서 큰 수모를 당한 것이다.
의뢰인이 요구하는 것을 잘 대변해주는 것은 변호사 본연의 일이다.
그런데, 상대방은 그런 변호사에게 분풀이를 한 것이다.
그래서 내가 대신 그 가사소송을 맡기로 했다.
동료 변호사가 변호사를 그만 두게 할 수는 없지 않는가?
동료 변호사 대신 재판을 나간 첫 재판 후
내가 먼저 상대방에게 대화 좀 하자고 하고,
상대방 이야기를 열심히 들어줬다.
가사소송은 대부분 재판결과가 훤히 예상된다.
그렇다면 조금씩 양보하여 합의를 하는 것이 지혜로운 일 아니겠는가?
그래서 앞으로 재판결과는 이렇게 될 것이기에
이렇게 합의하는 것이 어떻겠느냐고 했더니,
흔쾌히 그렇게 하자고 해서 두번째 재판에서
조정(임의조정)으로 사건을 원만히 해결한 적이 있다.

또한 동료 변호사가 이직을 하면서 3년 동안 가사소송을 진행하다가
나에게 넘기고 간 사건도 내가 출석한 첫 재판 때
조정으로 마무리 한 적도 있고,
어느 소도시 법원(강경지원)에서 한 가사소송은
첫 변론기일이 10시 재판인데,
재판장님께 재판 시작하자마자 1시간 정도 협의할 시간을 달라고 해서
상대방과 협의하여 첫 기일에 조정으로 사건을 마무리 진 적이 있다.

내가 위 3가지 가사 사건을 모두 잘 해결할 수 있었던 비결은
상대방 입장을 잘 들어주고,
나의 의뢰인에게도 이를 충분히 잘 전달했기 때문이다.
상대방 입장에서 생각하는 것이 문제해결의 출발점이자 마침점이다.

대법관 출신 방순원 변호사님은
일찍이 "법은 해결 수단이 아니다."라고 하셨다.
만약 법이 아닌 다른 해결 방법이 있다면,
그 방법으로 해결하는 것이 최선의 방법이다.
법은 마지막 카드로만 사용해야 한다.
아래 한상복 선생님 말씀대로
다른 사람에 대한 배려는 곧 나 자신을 위한 배려이다.

세상 이치는 시험 문제를 푸는 것과 같다.
상대방의 관점에서 보려고 노력하면 풀리지 않는 일이란 없다.
다른 사람을 위한 배려는 바로 나 자신을 위한 배려다.
- 한상복 '배려' 중에서 -

25 가장 중요하다고 생각되는 문제는 무엇이고, 그 이유는?

뉴저지주 프린스턴에 거주하는 방글라데시 출신의
지아드 아메드(Ziad Ahmed)가 한 문장으로 채운 에세이를 제출하고
스탠퍼드대학교에 합격하였다.
에세이 주제는 '가장 중요하다고 생각되는 문제는 무엇이고,
그 이유는?(What matters to you, and you?)'이었다.
놀랍게도 그는 자기 생각을 길게 풀어쓰지 않고,
'#BlackLivesMatter(흑인의 생명도 소중하다)'라는 문장을
100번에 걸쳐서 작성하였고,
이후 그는 스탠퍼드대학교로부터 합격 통보를 받았다.
그는 인터넷 매체와의 서면인터뷰에서
'에세이에 학교 성적이나 봉사활동 등으론 설명할 수 없는
진짜 내 생각을 채우고 싶었고,
정의에 대한 나의 열정을 전하고 싶었다.'고 밝혔다.
한편 '#BlackLivesMatter'는
지난 2012년 17세 비무장 흑인 트레이버 마틴이
자율방범대원인 히스패닉계 백인 조지 지머맨과 몸싸움을 하다가
지머맨의 총격을 받아 사망한 사건에서
지머맨이 정당방위로 무죄판결을 받자 등장한 해시태그다.

그 사건 이후 '#BlackLivesMatter'는
인종차별 반대 캠페인의 구호로 자리 잡았다.

* 해시태그(hashtag)는 게시물에 일종의 꼬리표를 다는 기능이다. 특정 단어 또는 문구 앞에 해시(#)를 붙여 연관된 정보를 한데 묶을 때 쓴다. 해시(hash) 기호를 써서 게시물을 묶는다(tag)고 해서 해시태그라는 이름이 붙었다. 해시 기호 뒤 문구는 띄어 쓰지 않는다. 띄어 쓸 경우 해시태그가 아닌 것으로 인식 한다.

만약 내가 지아드 아메드 입장이었다면,
과연 나는 '가장 중요하다고 생각되는 문제는 무엇이고,
그 이유는?'에 대한 에세이를 어떻게 썼을까?
사회계층간의 갈등, 청년실업, 남북통일 등의 주제를 정하고,
나름 그 이유를 열심히 적었을 것 같다.
우리나라 고등학생들도 대부분 나와 비슷하게 썼을 것 같다.

에세이를 쓰라고 했는데, 달랑 한 문장을,
그것도 작문한 문장도 아닌 캠페인의 구호 글을 반복해서 100번 쓴
학생도 대단하지만, 그 학생을 선발한 스탠퍼드대학교는 더 대단하다.
국영수 잘하는 붕어빵 인간을 만들어 내는 우리나라 고등학교 교육,
그 붕어빵들 속에서 인재를 선발해야 하는
우리나라 대학 당국에서는 상상조차 할 수 없는 일이다.

내가 대학 다니던 1980년대 후반에는 대학가에서
민주화를 요구하는 시위가 끊이지 않았다.
그런데 요즘 대학가에서는 학내 문제로 시위하는 것 외에
민주화 등 나라를 위한 문제로 시위하는 일은 사라졌다.

박근혜 전 대통령을 탄핵으로 이끈 촛불집회도
대학생들이 주도하지 않았다.
왜 대학가에서 그런 시위가 사라졌을까?
청년 일자리가 줄어들어서 그런 것일까?
아님 차별 없는 세상을 만들고자 하는
정의감이 사라져서 그런 것일까?

장애인 등 소수자의 인권이 보호받는 세상은
결국 내가 보호받는 세상이다.
부자만 잘 사는 나라, 권력을 가진 자만 잘 사는 나라가 아닌
더불어 잘 사는 세상이 더불어 행복한 세상이다.
그런 세상을 만들고자 하는 학생을 선발할 수 있는 대학이
하루 빨리 나올 수 있기를 기대한다.
이제는 대학이 사회를 선도하는 모습을 보일 때가 되었다.
학내 비리만 보여주지 말고…

26 Don't be evil

교과서에 있는 우리나라 정당의 목표는 정권창출이다.
또한 대부분 기업의 목표는 이윤창출 아닐까?
그런데 구글의 사훈은 "Don't be evil"
즉, "사악해지지 말자"라고 한다.
돈 버는 것 자체가 목표가 되어서는 안 된다.
큰 기업이든 작은 기업이든,
큰 사람이든 작은 사람이든
바른 길을 가도록 노력하자.
우리나라 정당의 목표도
정권획득이 아닌 '국민행복'이 되어야 한다.
삼성그룹 이재용 부회장도 구속되는 세상이 되었다.
"이게 나라냐"라는 질문에
"그래, 이것이 나라다!"라고 말을 해준
박영수 특검팀에게 사랑과 격려의 박수를 보낸다.
우리 사악해지지 말자!

Don't be evil

27 피청구인 대통령 박근혜를 파면한다

대한민국 국민 모두 아시다시피,
헌법은 대통령을 포함한 모든 국가기관의 존립근거이고,
국민은 그러한 헌법을 만들어 내는 힘의 원천입니다.
재판부는 이 점을 깊이 인식하면서,
역사의 법정 앞에 서게 된 당사자의 심정으로 이 선고에 임하려 합니다.
저희 재판부는 국민들로부터 부여받은 권한에 따라 이루어지는
오늘의 선고가 더 이상의 국론분열과 혼란이 종식되기를 바랍니다.
또한, 어떤 경우에도 법치주의는 흔들려서는 안 될
우리 모두가 함께 지켜 가야 할 가치라고 생각합니다.
(중략)
피청구인의 법 위배행위가 헌법질서에 미치는
부정적 영향과 파급효과가 중대하므로,
피청구인을 파면함으로써 얻는
헌법 수호의 이익이 압도적으로 크다고 할 것입니다.
이에 재판관 전원의 일치된 의견으로 주문을 선고합니다.

주문 피청구인 대통령 박근혜를 파면한다.

위 내용은 이정미 헌법재판소장 권한대행이 낭독한
박근혜 대통령 탄핵 결정 내용 일부이다.
헌법재판관 8명 전원 일치로 박대통령에 대한 탄핵이 결정되었다.
탄핵 결정 뉴스를 보고 자축하는 마음으로
법무법인 서호 가족들과 함께 점심식사하는 자리에서
동료 변호사님이 "밥이 맛있어요"라고 표현한다.

박대통령 탄핵 결정으로 일부 언론에서는
'대한민국은 봄이 왔다'고 표현했다.
맞다. 대한민국에는 봄이 왔다.
그렇게 견디기 힘든 추운 겨울이 지나고 햇살이 따뜻한 봄이 왔기에,
이제 우리 모두는 아름다운 대한민국을
가꾸기 위한 경작 준비를 해야 한다.
또한 우리는 그 동안 태극기집회를 나간 분들을
한 분 한 분 더 살펴야 한다.
그들도 우리 대한민국 국민들이기 때문이다.
그리고 더 이상 태극기가 경멸의 대상이 되어서는 안된다.
분명 대한민국의 국기는 태극기이기 때문이다.

탄핵 결정에서 언급한 바와 같이 오늘 탄핵 결정으로 인해
더 이상의 국론분열과 혼란은 종식되어야 하고,
그 어떤 경우에도 법치주의는 흔들려서는 안된다.
그래야 진정 대한민국에는 봄이 오게 될 것이다.
우리 국민들이 자랑스럽다.
우리 조국 대한민국 만세!!!

2017년 3월 10일 박근혜 대통령 탄핵 결정된 날 오후

28 2017년을 보내면서

지금까지 지내온 것 다 하나님의 은혜입니다.
크고 작은 사랑만 받고,
받은 사랑을 다 갚지 못했습니다.
사랑의 빚이 잔뜩 쌓여 있습니다.
2018년에는 법정이자 연 15% 가산해서
그 사랑을 상환하고자 합니다만,
언제 다 갚을 수 있을 지 모르겠습니다.
세상의 모든 빚은 고통이지만,
'사랑의 빚'은 감사와 기쁨이 가득합니다.

**피차 사랑의 빚 외에는 아무에게든지
아무 빚도 지지 말라
남을 사랑하는 자는 율법을 다 이루었느니라**
-로마서 13장 8절-

새해에는 이루고자 하시는 것 모두 이루시고,
하나님의 축복이 더 가득하시길 바랍니다. 사랑하고 축복합니다.

29 반드시 밀물은 오리라

미국의 철강왕 카네기는 젊은 시절 세일즈맨으로 이 집 저 집을 방문하며 물건을 팔러 다녔습니다. 어느 날, 한 노인 댁을 방문하게 되었는데, 그 집을 들어서자마자 카네기를 압도한 것이 있었습니다. 그것은 그 집의 벽 한 가운데 걸린 그림이었습니다. 그 그림은 한 쓸쓸한 해변에 초라한 나룻배 한 척과 낡은 노가 썰물에 밀려 백사장에 제멋대로 널려있는 그림이었습니다. 그런데 그 그림 하단에는 '반드시 밀물은 오리라 그 날 나는 바다로 나가리라' 라는 짧은 글귀가 적혀 있었습니다. 카네기는 그림과 글귀에 크게 감명을 받았습니다. 집에 돌아와서도 그는 그 그림으로 인하여 잠을 이룰 수 없었습니다. 그래서 다시 그 노인을 찾아가 그 그림을 자신에게 달라고 간절히 부탁하였고 결국 그 노인은 그 그림을 카네기에게 주었습니다.

카네기는 그 그림을 그의 사무실에 평생 걸어 놓았습니다. '반드시 밀물은 오리라' 는 메시지와 함께 그 그림은 카네기의 일생을 좌우한 굳건한 신조가 되었습니다. 인터넷에서 떠도는 유명한 카네기 일화입니다. 카네기도 세일즈맨으로 일할 때는 무척 힘든 상황이지 않았을까요? 그래서 '반드시 밀물은 오리라' 는 글귀가 가슴 벅차게 다가 왔을 것입니다.

'세상에 공짜 없다'는 말이 맞는 것 같습니다. 카네기에게 그런 힘든 상황이 없었다면 과연 철강왕이라는 말을 들을 수 있었을까요? 요새 경제가 어려워져서 그런지 만나는 사람마다 다들 힘들다고 합니다. '인생의 썰물'인 사람들이 많은 것 같습니다. 지금 당장은 바다로 나갈 수 없지만 언젠가는 '인생의 밀물'이 올 것입니다. 그것이 자연의 이치이자, 삶의 이치입니다.

내일 일을 위하여 염려하지 말라
내일 일은 내일이 염려할 것이요
한 날의 괴로움은 그 날에 족하니라
-마태복음 6장 34절-

내일 일은 내일이 염려하게 합시다. 인생의 밀물이 올 때 드넓은 바다로 힘차게 나아갑시다. 그리고 그 바다에서 함께 고기도 잡고, 함께 노래도 부릅시다. 생각만 해도 행복하지 않은가요? 오늘 나에게 주어진 것에 감사하고, 오늘 내가 해야 할 일에 마음을 다하고, 오늘 내가 만나는 사람을 사랑합시다. 물론 감사한 마음이 들지 않을 때도 있을 것입니다. 그럼에도 불구하고 우리는 감사한 마음을 갖도록 노력해야 합니다. 감사하는 마음만 있으면, 오늘 하루 행복할 수 있기 때문입니다. 오늘 행복하고, 내일은 내일 행복하면 됩니다. 그 행복한 하루하루가 쌓여서 나의 행복한 인생이 될 것입니다.

거미줄에 걸려 말라 죽은 나비에게 꿈을 물어보면 대답이 없다.
꿈꾸지 않는다.
죽었다.
같은 뜻·

정철의 '꿈' 이란 시입니다. 꿈꾸지 않는 것은 곧 죽은 것입니다. 2018년은 우리 모두가 큰 꿈이든 작은 꿈이든 꿈을 꾸는 새해가 되길 소망합니다.

하나님이 말씀하시기를
말세에 내가 내 영을 모든 육체에 부어 주리니
너희의 자녀들은 예언할 것이요
너희의 젊은이들은 환상을 보고
너희의 늙은이들은 꿈을 꾸리라
-사도행전 2장 17절-

성경말씀은 젊은이들이 아닌 늙은이들에게 꿈을 꾸라고 합니다. 늙은이들은 죽음을 기다리는 것이 아니라 꿈을 꾸어야 합니다. 그렇지만, 그 꿈은 나만 잘 살기 위한 것이 아니라 하나님께는 영광, 이웃에게는 유익되는 꿈이어야 합니다.

2018년 새해 우리 모두 그런 꿈을 꿉시다. 그래서 우리 모두가 각자의 자리에서 하나님의 나라를 이루는데 작은 밀알이 되기를 소망합니다. 새해 하나님의 복 많이 받으십시오.

※ 한국성결신문 2018.1.10.자 평신도 칼럼 (이수교회 장로 김양홍)

30 7박 8일 인도여행기

1 첫째날 : 소도 신이고, 쥐도 신이다

이수성결교회 박정수 담임목사님 내외분을 포함한 28명 천사들과 함께 인도로 7박 8일(2018.1.6.~14.) 여행을 왔다. 비행기 출발시간은 12시 30분이지만, 28명이 한꺼번에 가는 단체여행이기에 교회에서 오전 8시 30분 함께 모여 기도하고 출발했다. 두 분 장로님과 세 분 집사님이 공항까지 승용차와 트럭을 운전해 주셔서 편하게 인천공항에 도착했다.

공항에 도착해서 비행기표를 발권하는데 있어서 예약자 1명의 이름이 여권상의 이름 철자가 틀려서 바로 잡았다. 여권상의 이름과 비자와 예약자 이름이 일치하는지 사전에 꼭 점검해야 한다.

또한 여행사로부터는 1인당 23kg를 화물칸으로 짐을 부칠 수 있기에 개인 화물을 13kg 이내로 줄이고, 공통의 짐을 약 200kg 준비했는데, 항공사에서는 1인당 기내에는 10kg 이내, 화물칸에는 23kg 이내 짐을 부칠 수 있고, 추가 무게당 추가 요금을 부담해야 한다고 하여 공통의 짐을 23kg 이내로 분산해서 화물칸으로 보내고, 화물칸으로 보낼 개인 짐들을 기내로 갖고 가는 것으로 정리하느라 시간을 많이 소비했다.

함께 단체 기념사진을 찍은 후 출국심사를 마치고 나니 11시30분이 다 되었다. 그래서 단체여행은 3시간 전에 공항에 도착하는 것이 맞는 것 같다.

기내에서 제공해주는 점심식사를 하고, 우연히 좌석에 부착된 화면 채널을 돌리다가 인도영화 '마운틴 맨(THE MOUNTAIN MAN)'이라는 영화를 두 번 봤다.

인도 비하르주(Bihar) 게홀로르(Gehlore) 마을에 살던 다쉬라트 만지히(Dashrath Manjhi)의 일대기를 그린 영화이다. 그는 인도의 가장 천한 계급인 '무사하르'였다. 어릴 때 장가를 갔는데, 술 30병과 암탉 5마리와 맞바꾼 것이고, 어린 신부의 이름은 파구니야였다.

그가 사는 게홀로르 마을은 산으로 둘러싸인 분지여서 오랫동안 외부와 왕래가 쉽지 않았다. 마을에서 가장 가까운 읍내에 가려 해도 산을 넘어서도 4마일, 산을 돌아서는 40마일(1마일 1.6km×40마일=64km)을 돌아가야만 했다.

그는 학교 문턱도 밟은 적 없고, 자기 땅 한 뼘이 없는 가난뱅이였지만, 아내와 함께 행복한 삶을 살던 1960년 어느 날 아내가 마을 앞 돌산에서 굴러 떨어져 피를 많이 흘렸는데, 치료할 약도 방법도 없었다. 병원을 가자니 피 흘리는 환자를 둘러메고 산을 에둘러갈 수도 없었다. 결국 아내는 죽었다. 영화에서는 임신한 아내를 산을 넘어 병원까지 데리고 갔으나, 병원에서 딸 아이만 출산하고 아내는 사망한 것으로 그려졌다.

그에게 남은 것은 나이 어린 아들과 딸이었다. "눈물? 눈물도 안 나왔어. 그저, 길이 없어서 그랬다, 읍내로만 갔으면 죽지는 않았을 거라는 생각만 들더구만. 장례를 어찌어찌 치르고 나선 정을 들고 바위를 쪼기 시작했지. 두 번 다시 그런 일이 없어야 된다는 그 생각 하나로 매달린 거지."

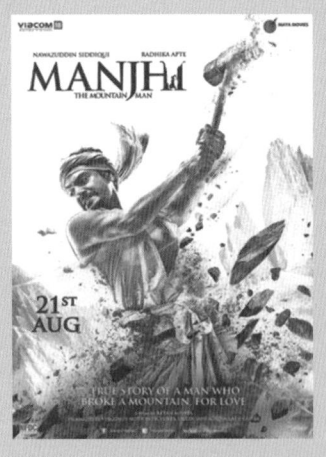

그렇게 시작한 공사는 20년을 훌쩍 넘어 1982년에 가서야 끝났다. 완공된 길은 총길이 915m, 평균 너비 2.3m에 이르렀고, 최고 9m 깊이까지 바위를 파냈다.

그는 길이 완공된 뒤 정부에서 수여하겠다고 한 상과 상금도 모두 거부했다. "상을 왜 주는지 모르겠더군, 내 할 일을 한 거야 나는. 게다가 사지 육신 멀쩡

한데 뭐 하러 돈(상금)을 얻어 쓰나. 이제껏 하루 벌어 하루 먹기에 불편한 것 없이 살았어. 더 가질 필요가 뭐가 있나. 길 만들었다고 종이 나부랭이 주지 말고, 다른 동네에 길이나 하나 내도록 해야 할 것 아닌가."

그는 2007년 80세를 일기로 세상을 떠났지만, 그의 언행 하나 하나가 우리를 숙연하게 한다. 22년 동안 아내와 이웃을 위해 정과 망치로 바위산을 뚫은 것을 내 할 일을 한 것이라고 말하는 그는 진정 위대한 성인이다. 진짜 성공한 사람은 남을 성공하게 하는 사람이다. 나 아닌 이웃을 행복하게 하고자 마음은 곧 나를 행복하게 하는 마음이다.

영화 마지막 부분 그의 독백이 가슴을 울렸다. "기억 속에도 세월은 흐른다. 내가 당신을 얼마나 사랑하는지 몰라. 어떤 신도 내 사랑을 막을 수 없어. 하늘도 내 사랑을 다 담지는 못해. 누구도 내 사랑을 상상하지 못해."

영화에서 다쉬라트는 자신이 뚫은 길을 마을 사람들과 함께 걸을 때 기자가 한 마디 해달라고 하자, 이렇게 말한다. "신에게 너무 많은 것을 의지하지 마세요. 사실은 신이 우리에게 의지하는 건지도 몰라요."

다쉬라트가 산을 허물기 시작한지 52년이 지났고, 산을 다 허문지 30년이 지나고, 그가 죽은 지 4년이 지나서야 마침내 정부는 2011년에 그 산에 도로를 만들었다. 그래서 나라가 나라다워야 한다. 오늘 이수성결교회 28명의 천사들도 '사랑의 정과 망치'를 들고, 인도 땅을 밟았다. 우리들이 가는 발걸음마다 하나님께서 동행하시기를 기도한다. 또한 우리 모두가 인도 형제자매들을 사랑하고, 하나님이 주시는 꿈과 비전을 갖기를 소망한다. 인도 영혼 주 볼 때까지!

인천-인도 비행시간은 직항이 8시간30분 소요되는 것으로 나오는데, 우리가 탄 비행기는 공항 사정으로 지연 출발하고, 기류 때문인지 약 10시간 소요되었다. 10시간 동안 잠도 안자고 영화만 봤다. 한국과 인도 시차는 인도가 3시간 30분 늦다.

뉴델리공항 하늘은 스모그 때문에 엄청 뿌했다. 짙은 안개가 낀 모습이다. 지난주에는 스모그 때문에 비행기가 2시간 동안 착륙하지 못한 경우도 있었다고 한다. 날씨가 추워지는 1월 첫째주와 둘째주에 스모그가 극심하다고 한다. 반드시 마스크를 준비해야 한다.

인도시간 밤 8시30분 현재 바깥온도는 16도이다. 공항에서 SAMSUNG LEDTV를 보니 무척 반가웠다. 공항에서 WAY OUT를 나가면 다시 들어오지 못한다는 점을 주의해야 한다. 총든 경비원들이 들락 거리며 지키고 있다. 공항 내 남녀화장실 입구를 들어서면 남녀사진 붙어 있어 혼동할 여지가 없다.

공항에서 나오는데 인도사람이 친절하게 카트를 밀어준다고 해서 맡기지 마라. 함께 간 아들이 어느 인도아저씨가 카트를 밀어준다고 하기래 맡겼더니 바로 팁달라고 했다. 내가 가는 도중 100루피를 주고 중간에 끌고 갔는데, 100루피 털린 기분이다. 뉴델리공항 커피숍에서 아이스아메리카노가 169루피이다.

35인승 관광버스를 탔는데, 오른쪽에 운전석, 왼쪽에 조수석이 있고, 조수석에 조수가 앉아 있다. 그리고 운전석과 조수석 뒷쪽에 문이 설치되어 있어 승객과 분리되어 있다. 버스 안에 좌석마다 작은 선풍기들이 달려있고, 운전석 앞에 부처상이 있다. 고속도로도 우리와는 반대로 좌측이 상행이다. 도로 중앙선에 나무가 심겨져 있다.

인도에서는 달러 사용되는 곳이 한정되어 있어서 루피화만 통용된다고 생각하면 좋을 것 같다. 루피화는 여러 종류가 있는데, 환전할 때는 2,000루피, 500루피, 100루피(한화로 1,680원)로 환전하면 된다. 길거리에는 노숙인들도 보이는데, 추운지 도로 위에서 불을 피우고 있다.

숙소인 델리 Darbar 호텔(여관급이다)에 도착하여 짐을 풀고 호텔에서 안남미밥, 볶음밥, 토마토 닭고기카레, 닭고기 스프를 먹었는데, 배가 고팠는지 엄청 맛있었다. 그렇지만 함께 간 1~2명의 청소년은 인도음식을 먹지 못했다. 숙소는 우리나라 남대문시장 같은 곳에 위치해 있는데, 시장이 진짜 남대문시장에 온 기분이다.

작은 호텔식당에 엄청 큰 쥐가 다니는데, 나는 못 봤다. 인도에서는 소도 신이고, 쥐도 신이어서 쥐에게 우유까지 먹인다고 한다. 신의 나라답다.

2. 둘째날 : 레이디 퍼스트

주일 아침이다. 인도시간 새벽 3시경(한국시간 6시30분) 잠에서 깨어 첫째 날 여행기를 다듬었다. 호텔에 천정에 큰 선풍기가 달려있고 에어컨은 있는데, 난방기가 없다. 그래서 함께 방을 쓰는 집사님은 침낭을 갖고 오셨다. 다소 춥다는 느낌이 들긴하다. 추위를 많이 타는 분은 인도 겨울에는 침낭이나 전기장판을 갖고 오는 것이 좋다. 인도도 220V이다.

인도는 인구가 약 12억8,318만명(2016년)으로 세계 2위, 면적은 3,287,263제곱킬로미터로 세계 7위, 국가 GDP는 22,510억달러로 세계 5위(2016년)이지만, 1인당 GDP 1,719달러(즉 1인당 연봉은 약 190만원 수준이다)이다. 종교는 힌두교 79.8%, 이슬람 14.2%, 기독교 2.3%(2011년)이다. 네이버에서는 인도에 15개 공용어가 있다고 하는데, 인도에 사는 로빈슨 목사님 말씀에 의하면 18개 공용어가 있다고 한다.

인도에서는 음식섬이나 편의점에서 술을 팔지 않고, BAR 같이 술 파는 것이 허용되는 곳에서만 술을 판다. 정부에서 술에 스티커를 붙인다고 한다.

호텔문을 나서자마자 아이 엄마와 어린 아이가 돈을 달라고 하여 100루피씩을 주었는데, 그 모습을 본 목사님께서 그렇게 돈을 주면 안된다고 한다. 심지어 어린 아이를 50루피 정도 주고 빌려서 앵벌이를 시키는 마피아조직이 있단다. 그런데 돈 달라고 히는 아이를 외면하기가 더 힘들었다.

세상이 온통 뿌옇다. 하늘을 회색물감으로 색칠해 놓은 것 같다. 길거리에 쓰레기도 너무 많다. 그런데 그렇게 스모그가 심한 날임에도 세탁한 이불들을 말리는 집도 보인다. 인도에서는 스모그가 일상화 되어 있나 보다. 도로에는 우리나라에서 택시 역할을 하는 삼발이 차 '릭샤(Rickshaw)'가 많이 다닌다. '릭샤에는 미터기가 설치되어 있는데, 1km당 11루피이다.

소가 도로에서 치어 죽으면 난리가 나는데, 사람은 치어 죽어도 소처럼 대접을 못받는다고 한다. 소나 개는 아무 때나 도로에 들어갈 수 있고,

차들은 그것들이 지나갈 때까지 기다려준다고 한다. 인도에서는 동물들이 상전이다. 그들은 신이기에 …

또한 길거리에 소들이 활보하는데, 사람들은 소를 신으로 알고 소 주변 사람들이 소 밥(여물)을 챙겨준다고 한다. 그래서 그런지 소가 팔자 좋게 늘어져 자는 모습도 보인다. 인도에서는 소팔자가 상팔자다.

힌두교도들은 소에게 일도 안시킨다. 공원으로 사용되는 곳인데, 쓰레기들이 산더미처럼 쌓여 있고, 곳곳에 소와 돼지, 개들이 자유롭게 나닌다. 동물의 천국이다. 특이하게 공원에는 돼지들도 많은데, 주인이 없단다. 한편 인도음식은 닭요리가 많은데, 그것은 힌두교들은 소고기를 안먹고, 이슬람교도들은 돼지고기를 안먹기 때문에 그런 것 같다. 그 돼지들이 한국에 태어났으면, 이미 아침밥상에 올라와 있을 것이다.

숙소에서 버스로 약 30분 거리에 있는 희망의 교회(Church of hope mission society)로 갔다. 이수성결교회에서 후원하고 있는 교회이다. 4층 건물에 자리 잡은 교회 입구 쪽에는 십자가가 걸려있고, 그 십자가 우측에 현 인도 총리인 '모디' 사진이 걸려있는데, 만약 그렇게 하지 않으면 경찰들이 와서 많이 괴롭힌단다.

이수성결교회 청년들과 청소년들은 아침 9시부터 겨울캠프에 참여했고, 장년들은 11시 예배 전에 특송을 연습했다. 장년 8명 대부분이 몸치

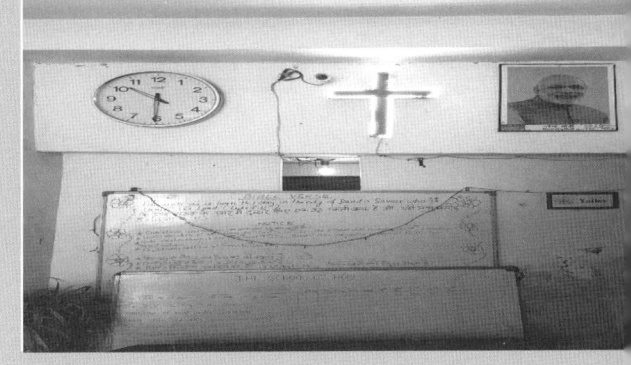

들이고, 원래 청년들이 준비한 특송을 갑자기 장년들이 맡게 되어 짧은 시간 율동까지 준비하느라 힘들었지만, 준비하는 2시간 내내 행복했다.

예배당에는 의자가 절반으로 나뉘어져 있는데, 좌측은 여성들이, 우측은 남성들이 앉는다. 또한 예배 중 헌금을 드릴 때는 성도들이 한 사람 한 사람 앞으로 나가서 드리는데, 헌금도 여성들이 한 다음 남성들이 한다.

통상 예배는 오전 11시에 시작해서 오후 1시30분까지 2시간 30분 동안 예배드린다고 한다. 찬송가 7곡을 연이어 부르고, 기도와 성경봉독까지 서서 드렸다. 희망의 교회에서는 성도들이 간증하고, 기도제목을 나누는 시간이 있었는데, 간증하는 사람이 없을 때까지 간증을 계속하고, 간증순서도 여성이 마친 다음에 남성이 했다. 건강을 위해, 딸과 남편의 구원을 위해, 남편이 1년 동안 일한 임금을 못받았는데 받을 수 있도록 기도해달라고 하는 등 갖가지 기도를 부탁했다.

오늘은 여자 성도 13명, 남자 성도 2명이 간증을 했다. 신기하게도 2시간30분의 예배시간이 1시간처럼 느껴졌다. 희망의 교회 여자 성도들이 인도춤까지 준비했는데, 시간이 없어서 못했단다. 하나님께 예배드리는 것을 사모하는 간절한 그 마음이 부러웠고, 또한 따르고 싶었다.

이수교회 장년 8명이 한국어와 인도어를 섞어서 "주의 자비가 내려 와"를 율동과 함께 찬양하고, 박정수 이수성결교회 담임목사님께서 히브리서 4장 14~16절 말씀으로 은혜로운 하나님 말씀을 선포해주셨다. 예수님은 위로자이시고, 예수께서 우리와 똑같이 고난을 받으셨고, 예수님의 위로는 우리에게 기적을 가져온다는 말씀이었다. 박목사님 말씀대로 우리가 먼저 하나님의 위로를 받아야 한다. 그래야 전도할 수 있다.

말씀 선포 후 희망의 교회 성도들이 우리 28명 모두에게 목에 거는 꽃다발을, 그리고 한별 사모님께 큰 꽃다발을 주셨다. 또한 희망의 교회 담임목사이신 로빈슨 목사님께서 이수성결교회에 감사패를 전달해주셨고, '오빵이어' 후원을 하고 있는 이수성결교회 성도들을 대표해서 내가 감사패를 받았다. 희망의 교회에서는 교회에서 직접 빵을 만들어 나환자촌과 쓰레기촌에 나눠주는 오빵이어 사역을 하고 있다.

전도사님 두 분과 찬양사역자 세 분에 대한 파송식이 있은 후 박정수 목사님이 축도 이후 20여명에게 안수기도를 해주셨는데, 그 중 2명이 안수기도 중 쓰러지셨다. 귀신 들린 성도들이었다. 두 분은 얼마 후 깨어나셨다. 희망의 교회 근처에는 사원들이 몇 개 있는데, 아픈 환자들은 교회로 보낸다고 한다. 그들조차 예수님의 권능을 믿는 것이다.

예배를 마치고 나오니 신기하게도 하늘이 한국의 가을하늘로 변해 있었다. 교회에서 4층 옥상에 점심식사로 비리아니(중동음식), 버터치킨, 난, 볶음김치, 야채를 준비해주셨는데, 맛이 예술이었다.

특히 교회 남여 성도님들이 우리들이 앉자 음식을 갖다주며 섬겨주셨는데, 모두 식사 하는 내내 서 계셨다. 함께 식사하면 좋을텐데, 그들은 손님들이 식사를 끝내기 전에는 식사를 하지 않는다고 한다. 우리들 식사가 끝나자 여자 성도들이 자리에 앉았고, 기다렸다는 듯이 남자 성도들과 섬김을 잘 하는 여자 성도 한 분이 그들을 섬기고, 남자 성도는 여자 성도들이 식사를 마치기를 기다리고 있었다.

인도에서는 무슨 일이든 여성이 먼저이다. 심지어 장도 남자가 본다고 한다. 집 안에서는 여성의 권리가 높고, 집 밖에서는 낮다고 한다.

인도에서는 겨울에 야채가 잘 자란다고 한다. 그도 그럴 것이 인도의 겨울은 한국의 봄가을 날씨다. 교회 4층 옥상에도 알로에와 야채가 자라고 있었다. 오늘 인도 날씨는 최저 8도, 최고 20도이다.

그리고 인도는 대리석이 매우 싸서 거의 왠만한 건물 바닥은 대부분 대리석이 깔려있다. 대리석을 수입해서 한국에서 판매하면 꽤 많이 남을 것 같다. 교회 옥상에서 보니, 공원에서 청소년들이 야구 비슷한 운동을 하면서 놀고 있고, 노인들은 카드놀이를 즐기고 있다.

희망의 교회는 빵을 만들기도 하지만, 카페도 고급스럽게 만들어 교회 다니지 않는 사람들에게도 커피와 빵을 판다. 커피값도 뉴델리공항에서 169루피하는 커피가 60루피이다. 1/3 가격이다. 희망의 교회에서 우리 28명 모두에게 그 카페에서 사용할 수 있는 200루피 쿠폰을 주셨다. 그래서 겨울캠프가 끝난 오후 3시 이후에는 이수성결교회 성도들이 카페를 점령했다.

오후 4시경 희망의 교회에서 빵을 만들어 제공하는 방법으로 섬기고 있는 나환자촌을 가기 위해 버스를 타고 가는데, 동네 아이들이 우리들이 떠나는 줄 알고 계속 손을 흔들어주고, 담장 위를 뛰다시피 계속 달려와 손을 흔든다. 순수한 그 어린 아이들이 참 사랑스러웠다.

희망의 교회에서는 매 주일 방문하여 오후 3시~4시 예배를 드리고, 월요일마다 교회에서 만든 빵을 제공하고 있는 나환자촌을 이용 봉사팀과 벽화그리기 봉사팀을 제외한 22명 성도들이 방문했다. 그들의 삶터를 둘러보고, 그 곳 30여명의 성도들과 함께 예배당이 아주 작은 삐라가리교회에서 예배를 드렸다.

나환자촌은 정부에서 나환자들에게 집(아주 창고 같다)을 지어준 곳인데, 나환자들은 그곳에서만 살아야 한다고 한다. 그렇지만 나병(한센병으로 불린다)이 걸리지 않은 자녀들은 다른 곳에서도 살 수 있다고 한다. 예배시간에 그 곳 9명의 청소년들이 찬양을 한 곡 불렀고, 이어서 이수성결교회 자매 4명이 멋진 율동으로 몸찬양을 드렸다. 동남아 순회공연 하는데, 하등의 문제가 없었다. 그 곳 성도 한 분은 자매들의 율동을 따라하기까지 했다.

박정수 목사님께서 말씀을 전하시기 전에 해맑은 그 곳 아이들의 모습을 보고 눈물을 글썽이면서, 이수성결교회 청소년들에게 "감사의 삶을 살라"고 강하게 권면하셨다. 박목사님께서 로마서 8장 31~39절 말씀으로 하나님 말씀을 전하셨다. 하나님은 내 편이고, 예수 믿는 사람을 정죄할 자가 없고, 세상이나 사람을 보지 말고 하나님을 바라보라는 요지의

말씀이었다. 말씀을 전하신 후 찬양을 했던 9명의 청소년들에게 꿈을 물어보자, 그들은 선생님, 의사, 경찰, 엔지니어, 대서가 되고 싶다고 했다.

이수성결교회 성도들이 그 청소년들을 향해 '당신은 사랑 받기 위해 태어난 사람'이라는 노래를 불러주면서 축복했다. 박목사님 기도대로 그 청소년들이 인도의 위대한 인물들로 성장하기를 기도하고 기도한다. 희망의 교회에서는 그 곳 학생 12명의 학비까지 부담하고 있었다. 교회 재정도 넉넉하지 않을텐데, 희망의 교회에서는 교회에서 개척한 20개 교회에 정기적으로 후원하고 있다고 한다.
인도 안에서 선교하는 참 멋진 교회이다.

예배를 모두 마치고 버스를 기다리는 10분 동안에 댄스타임이 있었는데, 먼저 비보이 출신의 김영대 전도사님이 멋진 춤을 추자, 춤배틀이 시작되어 그 곳 자매 2명이 춤

을 추자, 춤배틀이 시작되어 그 곳 자매 2명이 춤을 췄고, 이후 이수성결교회 자매 2명이 이어서 추고, 다시 그곳 형제들이 추고, 박정수 목사님도 멋진 막춤을 추셨다. 나의 아들도 망가진 막춤을 췄다.

멋진 영화의 한 장면 같았다. 모두가 박수 치면서 함께 하는 그 순간만큼은 우리는 하나였다. 예배당에 있는 모두가 형제자매였다. 그런 와중에 큰 개 한 마리가 예배당에 들어왔다 나가면서 이수성결교회 자매 신발에 실례까지 하고 갔다.

모든 예배를 마치고, 나오는데 나병환자들와 가족들이 박목사님의 안수기도 받기를 원해서 안수기도를 해주셨다. 나도 손가락이 다 없어진 나병환자의 손을 꼭 잡아주면서 함께 기도했다. 참 불쌍한 분들이었지만, 그들의 마음은 불쌍하지 않았다.

저녁이 되니 스모그가 심해졌으나, 어제보다는 좋아진 것 같다. 오늘 하루 멋진 영화를 보여주신 하나님께 감사하고 감사하다. 호텔에 들어와 몸을 씻고 인도음식으로 된 저녁식사를 했는데, 너무 맛있었다. 인도 음식이 날이 갈수록 맛있어 진다. 저녁식사 시간에 집에서 가져온 기침가래약을 아픈 성도들에게 처방해줬다. 내가 이미 내 몸으로 임상시험을 거친 약들이다. 약을 받아간 성도들 모두 내일 아침에는 건강을 회복하리라 믿는다.

저녁식사 후 앞 방에 있는 형제들과 오늘 하루 있었던 사역에 오늘의 공과, 느낀 점을 나누었다. 감동적인 영화 한 편을 본 멋진 주일이었다. 내일 하나님이 하실 일이 기대된다.

3. 셋째날 : 함께 울라!!

월요일 아침이다. 오늘도 어제와 비슷한 시간인 인도시간 03:30 이전에 기상했다. 어제밤 기침약까지 먹고 잤음에도 같은 시간에 일어난 것을 보니 나의 몸은 아직도 한국 기상시간에 맞춰져 있나 보다. 그러고보면 습관은 참 무서운 것이다. 좋은 습관을 갖도록 하자.

아침 7시15분에 4명이 모여 오늘 아침 QT 묵상 본문인 요한일서 4장 7~12절 말씀에 대해 나눴다.

'왜 우리는 서로 사랑해야 하는가?'에 대한 질문에 위 말씀은 간단명료하게 말하고 있다. 우리가 믿는 하나님이 사랑이시기 때문이다. 사람은 사랑을 받아 봐야 남에게 사랑을 줄 수 있다. 사랑을 받아보지 못한 사람은 남을 사랑할 수 없을 것이다.

그렇다면 하나님께서는 우리에게 어떤 사랑을 주셨는가? 하나님은 하나 밖에 없는 독생자 예수님을 우리를 위해 내어 주시면서까지 우리를 사랑하셨다. 그 사랑을 우리가 받은 것이다. 그렇기에 우리가 서로 사랑하는 것은 너무나 당연한 것이다.

사랑은 상처를 주지 않는다. 예수님은 간음하다 붙잡힌 여인을 용서하시고 죽음에서 건져 주셨다. 예수님은 우리를 이해하고 사랑하고 격려하고 축복하신다.

사랑은 초점이 나에게 있는 것이 아니라 하나님에게 있고, 예수님에게 있고, 이웃에게 있는 것이다. 그런 사랑을 가진 사람의 언어는 감사와 칭찬과 찬양으로 충만하다. 오늘 주님 사랑 안에서 서로 사랑하며 섬기며, 우리가 만날 영혼들을 위해 기도하는 우리 모두가 되기를 소망한다. 이수성결교회 김영대 전도사님의 가슴 따뜻한 나눔 내용이다. 공감하고 공감한다.

4명이 돌아가면서 나눔을 하는데, 내 차례 때 하나님이 당신의 외아들 예수를 우리 죄를 씻기 위해 대속물로 주신 것을 생각하니 갑자기 눈물이 났다. 말로만 예수 믿으라고 하지 말고, 우리의 삶이 전도가 될 수 있도록, 나처럼 예수 믿으라고 할 수 있도록 각자의 자리에서 하나님의 도구로 사용되는 것이 우리가 이 땅에서 해야 할 일임을 이야기 했다.

아침식사 후 8시10분 희망의 교회로 출발했다. 오늘 아침은 미세먼지가 훨씬 덜했다. 맹인이 눈을 뜬 기분이다. 아침에 감기 기운이 있어 내복을 입었다. 버스 타러 가는 길목 담벼락에 불교 또는 힌두교에 관한 그림들이 타일 형태로 벽에 붙어 있었다. 일상생활 속에 종교가 자리 잡고 있는 것이다.

인도 도로에서 만나는 승용차는 대부분 소형차나 경차이다. 우리나라 에쿠스 같은 중형 승용차는 아직 못봤다. 버스는 주황색 버스와 녹색 버스가 있는데, 전자는 에어컨이 설치되어 있어 기본요금이 25루피이고, 후자는 에어컨이 없어서 기본요금이 10루피라고 한다.

버스는 우리나라 버스의 1.5배 정도로 매우 길고, 가솔린 기름값은 1리터당 74루피로 다소 비싼편이다. 좌측통행을 하기 때문에 운전석은 좌측에, 버스문짝은 우측에 있다. 도로 중앙분리대는 펜스가 설치되어 있고, 그 곳에 나무가 심겨있는 곳이 많은데, 그렇게 한 이유는 무단횡단을 방지하기 위함이 아닐까? 또한 이 곳은 교통질서를 잘 지키지 않기 때문에 중앙선 침범을 밥 먹듯이 할까봐 그런 것 같다. 차선이 3개면, 차의 행렬은 자연스럽게 4~5개가 생긴다. 작은 차만이 다닐 수밖에 없다.

어제도 봤지만, 길거리에 이발사가 있어 도로 위에 거울을 놓고 이발을 해주고 있다. 호텔에 도착하니 오늘 아침까지 없었던 거리 이발소가 생겼다. 치열한 삶의 현장을 보는 것만으로도 숙연해진다.

버스가 희망의 교회 근처에 도착했으나, 교회로 가는 길이 비좁은 관계로 도로에서 인도 택시 '릭샤'를 불렀다. 운전수 옆에 앉았는데, 앞에 창문이 없어 바람의 손길을 그대로 느낄 수 있어 좋았다. 나는 어린 아이처럼 시종일관 괴성을 지르고 갔다. 오후 5시40분 사역을 마치고 나올 때도 '릭샤'를 탔는데, 요금은 1인당 10루피이다.

교회에 도착했는데, 작은 송아지 한 마리가 느긋하게 도로 위를 걸어가기래 나도 따라서 가봤다. 소와 나는 다른 종족임을 금방 알 수 있었다. 송아지는 같이 사진 한 장 찍자는 나의 말을 전혀 알아듣지 못하기 때문이다.

오늘도 어제와 같이 이수성결교회 청소년들과 청년들은 어린이들 겨울캠프를 인도하고, 벽화그리기 봉사와 이용 봉사도 계속 진행되고, 그 외 여성직업교육이 실시되고, 커피내리기 교육이 실시 되었다. 희망의 교회 겨울캠프는 축제처럼 진행되었다. 아이들의 밝은 웃는 모습을 보니 나도 저절로 웃게 된다. 웃음바이러스는 세계공통어이다.

오전에 교회 내 벽에 벽화그리기에 합류했다. 고등학교 졸업 이후 처음 들은 붓은 나를 흥분하게 했다. 세상만사 내 마음대로 할 수 있는 것이 거의 없는데, 그림이라도 내 마음대로 하자는 마음으로 붓질을 했다. 홍익대 미대 출신 김혜영 집사님께서 "예술은 작가의 마음을 표현하는 것"이라고 하면서, 부담없이 칠하라고 격려해줬다. 실패해도 괜찮았다. 다시 그 위에 덧칠하면 되니까 ...

우리들 인생도 마찬가지 아닐까? 실패할 수 있다. 좌절할 수 있다. 그 때마다 일어나면 된다. 덧칠하면 된다. 멋진 당신만의 인생 명작이 만들어 질 것이다. 내가 하려고 하지 말고, 하나님이 하시게 하자.

희망의 교회에 있는 빵 만드는 곳을 살펴보았다. 희망의 교회는 제빵사 자격을 갖고 있는 두 분의 성도가 이수성결교회 성도 20여명이 매월 1만원씩 후원하는 돈으로 빵을 만들어 나환자촌과 쓰레기촌의 어려운 이웃들에게 빵을 나눠주는 일을 하고 있었다. 빵이 참 맛있어, 3개나 먹었다. 성경에서 나오는 오병이어의 기적이 '오빵이어'의 모습으로 재현되고 있었다.

어제 방문한 나환자촌은 5~6년전부터 정부의 지원이 끊겨 나환자들이 구걸을 해서 생계를 이어가고 있는데, 희망의 교회에서 오빵이어로 섬기는 것 외 외국인교회 한인 담임목사님께서 성도들의 헌금으로 매월 생필품을 가정마다 제공하고 있다고 한다.

남자들은 희망의 교회에서 후원한 휠체어를 타고 구걸이라도 할 수 있지만, 여자분들은 구걸도 못한다고 한다. 마음이 너무 아프다. 오빵이어의 사역은 나환자촌 형제자매들이 자립하기 전까지는 이 세상 끝날까지 지속되어야 할 것이다. 예수님이라면 그렇게 하셨을 것이기 때문이다.

아픈 사연이 하나 있다. 지난 해 1월 기독교신자인 나환자촌 초등학교 3학년 어린이가 놀다가 개에 물려 광견병으로 사망해서 힌두교인들의 조롱을 받고, 기독교신자들이 의기소침해 있었는데, 어제 축제의 마당을 열어준 것에 대해 감사의 마음을 전해왔다고 한다.

오늘 점심두 인도식으로 먹었다. 어제와 비슷한 음식인데도 전혀 질리지 않았다. 신기하게도 인도음식은 갈수록 맛이 좋아진다. 점심식사 도중에 우리들이 식사하는 것을 돕고 있는 희망의 교회 자매님들과 함께 인도 여인들이 걸치는 '사리'를 걸치고 사진을 찍었다. 인도남자가 된 기분이다.

오후 4시10분경 희망의 교회 로빈슨 담임목사님, 박정수 목사님을 포함한 6명이 쓰레기촌으로 오빵이어 사역을 갔다. 쓰레기 더미에 쓰러져 가는 텐트를 설치하고 사는 주민들은 땅 주인에게 집세로 매월 500루피를 낸다고 한다. 어린이와 노약자는 쓰레기를 분리하고, 큰 아이는 밖에서 직업을 갖거나 주변 건물의 쓰레기 수거해주는 일을 하면서 번 돈으로 살아간다고 한다.

빵과 과자를 나눠줄 때 어린 아이도 어른도 우리가 줄 때까지 기다렸다. 아예 하의를 입지 않은 아이도 있었다. 아이들 뿐만 아니라 어른들조차도 온 몸에 때와 오물로 범벅이 되어 있었다. 식수대도 한 곳 밖에 없었다.

나는 차마 그 곳 사람들과 함께 기념사진을 찍을 수가 없었다. 어제 희망의 교회에서 파송한 '비리영가(Biriyanga)' 여자전도사님이 사역할 '화이트스톤' 교회가 그 쓰레기촌 근처에 있는데, 그 교회 앞에서 6명이 함께 손을 잡고 내가 대표기도를 했다.

눈물부터 나왔다. "하나님 어찌 합니까? 저희들은 그냥 보고만 갑니다. 하나님께서 이들을 보살펴 주시고, 어린 영혼들이 인도의 위대한 인물로 자라도록 도와주시옵소서"라고 기도했다. 함께 기도한 우리 모두가 울었다.

그 곳에서도 참 마음 아픈 사연이 있다. 쓰레기촌 엄마 중에는 자신의 자식들에게 빵을 더 먹이려고 오빵이어 사역팀이 들고 온 빵을 엎는 경우도 있다고 한다. 땅에 떨어진 빵을 다른 사람에게 줄 수 없기 때문이다. 예수님이라면 어떻게 하실까? 그냥 마음이 아프고, 아프고, 아팠다.

쓰레기촌에서 사역을 마치고 돌아오는 길목에서 소똥을 빈대떡처럼 만들어 담벽에 붙여서 말리고 있었다. 소똥을 연료로 사용한다고 한다. 그리고 인도의 소들은 참 멋지고, 소위 때깔이 참 좋다. 이 곳 소들은 팔자가 좋아서 그렇게 표정들이 좋은가 보다. 저녁이 되자 길 가에 야시장판이 벌어졌다.

호텔에 저녁 7시 조금 넘어 도착해서 샤워부터 했는데, 화장실에 특별한 손님이 다녀갔다. 새가 화장실 환풍기로 들어와 세면대와 바닥 등에 똥을 싸놓고 갔다. 인도 새는 변기를 사용할 줄 모르나 보다.

희망의 교회 주소를 적는 것으로 오늘 여행기의 글을 맺는다. 단 한 분이라도 함께 해주시기를 바라는 마음으로 ...

Rev. Dr. Robinson T. Pandian &Rev. Roja Church of Hope
RZ/F72, Nihal Vihar, New Delhi 110041, India
Tel : -91-93-1223-1223
Email : indiakorea@hotmail.com

4. 넷째날 : 꿈은 이루어진다

오늘은 화요일이다. 기상시간이 조금씩 빨라지는 것 같다. 인도시간 03:00가 조금 못돼서 일어났다. 어제 저녁식사 후 잠깐 호텔 밖을 다녀왔다. 밤 9시30분이 지났는데도 사람들이 개미떼처럼 왕래한다. 길을 잃을까봐 호텔에서 100미터를 벗어나지 않았다. 시장에 사는 지 개 3마리가 잠도 안자고 사람들 틈에서 놀고 있다. 남자가 개의 앞발을 들어 운동까지 시켜준다. 개팔자도 상팔자이다.

어제밤 감기기운이 있어 잠이 잘 오는 '코싹' 코감기약을 먹고, 밤 10시가 조금 넘어서 잤는데, 오늘 아침도 에누리없이 일찍 일어났다. 오늘 하나님이 하실 일이 궁금해서 그런 것 아닐까? 그런데 호텔방이 추워서 그런지 콧물도 나오고, 재채기도 한다. 그래서 새벽에 '코싹'을 하나 더 먹었다.

우리는 인도로 선교여행을 왔다. 이 땅을 밟기 전에는 이런 생각도 했었다. 28명의 인도선교여행 경비로 교회 재정이 약 2,500만원 사용된다. 차라리 희망의 교회에 2,500만원 후원하는 것이 더 좋은 것은 아닐까? 그렇지 않다. 나환자촌과 쓰레기촌의 인도 형제자매들을 내 눈으로 직접 보니 작은 금액이지만 오빵이어 후원하는 것이 얼마나 중요한 지 뼈저리게 느꼈다. 이 땅에서 하나님이 주시는 마음을 얻는 것은 돈으로 환산할 수 없다.

특히 나의 아들 김은철을 포함한 21명의 젊은 형제자매들이 하나님이 주시는 선교의 비전을 갖게 되면, 대를 이어 선교의 대열에 합류하게 될 것이다. 우리나라도 그런 선교의 비전을 가진 분들 덕분에 지금의 대한민국이 있는 것 아니겠는가?

자신이 선교사가 되고, 외국으로 나가 선교활동을 하고, 교회를 짓는 것만이 선교가 아니다. 어려운 환경 속에서도 묵묵히 하나님의 일을 감당하고 있는 선교사님들을 돕는 것도 선교다. 예수 믿으라고 말해야만 전도이고 선교인가? 우리 모두가 각자의 자리에서 예수처럼 살면 된다. 행함이 없는 믿음은 죽음 믿음이다. 예수님은 나만 행복하고, 나의 가족만 구원받으라고 하지 않았다. 우리는 축복의 통로, 행복의 통로가 되어야 한다.

누군가 인도의 모든 화폐(2,000루피, 500루피, 100루피, 10루피 모두 간디 얼굴이다)에 등장하는 인도의 영웅 간디(Mahatma Gandhi)에게 물었다. "간디 당신은 기독교에 대해서 어떻게 생각하십니까?" 간디가 대답했다. "전 예수를 존경합니다. 하지만 기독교인들은 좋아하지 않습니다. 그들은 예수를 닮지 않았고, 닮으려 하지도 않습니다.

"간디 말씀대로 많은 기독교인들이 예수를 닮지 않았고, 닮으려 하지도 않는다. 그냥 나와 나의 가족의 행복만을 추구하는 이기적인 신앙생활에 머물고 있는 것은 아닌지 나 자신부터 회개한다. 나는 남은 생애 예수를 닮고자 다짐한다.

어제 저녁식사 후 로빈슨 목사님과 박정수 목사님께 인도에 와서 갖게 된 인도에 대한 나의 꿈을 이야기했다. 올해 봄 《변호사 김양홍의 행복한 동행》 3을 출간한 다음 올해 안에 행복한 동행 1,2,3 중에서 중국인들도 공감할 수 있는 150페이지 분량의 좋은 내용을 추려서 중국 베이징에 있는 출판사에서 《한국변호사 김양홍의 행복한 동행》을 출간하면, 그 책을 홍콩과 대만, 일본, 러시아에서도 출간할 계획인데, 가능하다면 인도에서도 출간하고 싶다고 했다. 만약 그렇게 인도에서 행복한 동행이 출간되고, 책의 인세 수입이 있다면 전액 희망의 교회로 후원하겠다고 했다.

꿈은 이야기해야 한다. 그래야 이루어진다. 주일날 만난 나환자촌 9명의 청소년들의 꿈도 그들이 이야기한대로 이루어지길 기도했다. 믿음은 '바라는 것들의 실상'이다. 꿈이 있고, 그 다음에 믿음이 있는 것이다.

주일 저녁 박정수 목사님이 선교대원들을 위해 포도와 사과를 사오셨는데, 사과는 반쪽씩 먹으라고 하셨다. 사오신 포도도 4인 가족이 먹을 분량 정도만 사오셨다. 박정수 목사님은 성도들의 돈 100원도 낭비하고 싶지 않으신 것이다. 우리 목사님의 마음이 대원들에게 전해졌는지 아니면 오병이어의 기적이 일어났는지 사과와 포도는 다음날 아침까지 먹고도 남았다. 우리가 머물고 있는 호텔도 별 2개로 매우 저렴한 호텔이다. 그래도 좋다. 이 시간 이렇게 살아 있음에 감사하다.

오늘도 4명이서 마태복음 28장 18~20절 말씀으로 QT를 나눴다. 모든 민족을 제자삼으려면, 내가 먼저 하나님께서 나를 사랑한다는 것을 느끼고, 내가 먼저 예수의 제자가 되어야 한다.

열심보다 더 중요한 것은 "하나님이 우리와 함께 하신다는 믿음이다!" 우리가 하나님의 뜻에 순종할 때, 하나님의 나라와 하나님의 뜻이 이 땅에 이루어질 것이다.(오늘 아침 김혜란 목사님 QT 나눔) 희망의 교회로 가는 버스를 타기 위해서는 횡단보도를 건너야 하는데, 횡단보도 중간에 노숙인 가정이 생활하고 있다. 추운지 불까지 피우고 있다. 나는 방에서 이불을 덮고 자도 감기에 걸렸는데 ... 감기걸린 것 조차 미안했다. 건강관리가 첫번째 사역이라는 박정수 목사님 말씀에 공감한다.

나는 감기기운이 있어서 특별한 봉사를 하지않고 교회가 운영하는 카페 'LEHEM'(빵이라는 안 뜻이다)에서 유영자 목사님으로부터 천 가지 얼굴을 가진 인도의 이야기를 들었다. 카페에서 찬송도 흘러나오는데, 인도에서도 예수를 "예수"라고 하고, "할렐루야"라고 한다. '예수마시'라는 말도 많이 하는데, 마시(Mashi)는 그리스도라는 뜻이다.

이용봉사를 한 김민규 집사님을 소개하고자 한다. 김집사님은 청담동 컬쳐앤네이쳐 본점 부원장으로 근무하고 있는 헤어디자이너인데, 8일간의 많은 수입을 포기하고 와서 3일 동안 쉬지 않고 계속 자신이 한달 내내 머리 손질하는 사람수 이상으로 쉼 없이 봉사를 했다. 김집사님은 2년전 캄보디아 선교여행에도 동참하였는데, 그 때도 지금도 너무 행복하단다. 오늘도 점심식사를 하자마자 곧바로 머리 자르러 내려갔다. 머리손질을 받는 이들이 감사해하는 그 마음이 너무 고마워서 ...

인도의 학제는 초등학교 5학년, 중학교 3년(인도에서는 8학년), 고등학교 4년(인도에서는 12학년)이지만, 8학년 졸업 후 직업학교를 가는 경우가 많다고 한다. 초등학교 과정은 의무교육이고 공교육은 무료이지만, 4~5학년이 되어도 읽기쓰기를 못하는 학생도 있다고 한다. 어린이집은 누구나 설립할 수 있고, 초등학교도 자유롭게 설립할 수 있는데, 인가를 받기가 쉽지 않고, 인가를 못받은 학교도 제출할 서류들이 많긴 하지만 중학교에 진학할 수 있다고 한다.

로빈슨/유영자 목사님 부부는 2002. 7. 5. 인도에서 결혼한 후 2002. 9. 19. 희망의 학교(초등학교)를 시작했고, 그 학생들 부모를 대상으로 2002. 12. 1. 예배를 드리기 시작한 것이 오늘의 희망의 교회가 된 것이다. 당시 학교 휴일을 토요일로 하고, 주일을 학교가는 날로 해서 주일예배를 드렸다고 한다. 교회가 학교이고, 학교가 교회였다.

희망의 교회에는 청년들이 거의 없다. 왜냐하면 청년들이 교회로 오면 곧바로 교회에서 파송한 교회로 다시 파송하기 때문이다. 지난 주일날 찬양사역자로 파송한 청년도 희망의 교회 반주자로 봉사하던 청년인데, 개척교회 반주자로 파송한 것이라고 한다. 또한 교회에서 목회자를 파송할 때는 십일조를 하는 성도님 가정도 함께 파송한다고 한다. 교회에서 한달 동안 걷히는 헌금 약 10,000루피도 파송한 교회와 목회자 자녀 교육비로 사용된다고 한다. 희망의 교회는 뉴델리에 8개, 그 외 지역에 12개 교회를 개척해서 목회자를 파송했다.

로빈슨 목사님 부부는 2005년도에 파송할 목회자를 양성하기 위해 신학교를 세웠고, 2011년도에는 정부로부터 종교법인(명칭 : Church of Hope Mission Society) 인가를 받은 후 학교도 인가를 받았다고 한다. 그래서 CHMS는 목사 안수도 줄 수 있고, 외국에서 오는 학생과 보호자 1명의 비자도 받을 수 있다. 인도에서는 사제들이 결혼증명서에 서명한 것을 제출해야만 혼인신고가 가능한데, 로빈슨 목사님께서 그 자격도 있다고 한다.

아이러니하게도 인도에는 카레가 없다. 그래서 인도사람들에게 카레라고 하면 못알아 듣는다고 한다. 인도에서는 카레 같은 것을 '맛살라'라고 한다. 또한 인도에서 제일 많이 소비되는 고기가 소고기이다. 힌두교인들이 소고기를 안먹기도 하지만, 양고기가 1kg 400루피인데 반해 소고기 1kg은 150~200루피로서 매우 저렴하기 때문이란다. 그렇지만 소고기 대부분이 물소라서 맛이 다소 떨어진다고 한다.

오늘 교회에서 제공해준 점심식사에는 소고기 비리야니(Biriyani)와 우유두부(빠니르 paneer)가 나왔는데, 첨가된 소고기는 참 맛있었다. 점심식사 후식으로 사과와 포도가 나왔는데, 포도가 작은 고추 모양이다. 포도가 정관수술을 했는지 씨가 없다. 함께 식사한 박규태 집사님이 신기하게 생긴 그 포도 사진을 농사짓고 계시는 아버님께 보냈는데, 아버님이 이렇게 답변하셨다고 한다.

'가지는 눈이 달린 거로 20센티 한뼘 정도면 된다. 문익점이 목화씨 가지고 온 것과 같다. 가지 하나 잘라서 화장지에 물 추겨서 한쪽 끝에 감아서 오면된다.'

희망의 교회 앞 공원에서 어린이들이 놀이를 하는데, 내가 어렸을 때 한 '자치기'를 하고 있다. 참 신기하다.

희망의 교회 이야기 좀 하자.

1년 전 우연히 영성캠프를 참가했다가 예수를 믿은 10학년(고등학교 1학년) '라훌'이라는 남자학생은 태어나면서부터 다리를 저는데, 교회의 전도왕이라고 한다. 예배시간에도 맨 앞 자리에 앉아 3시간 예배시간 꿈쩍을 하지 않고, 그가 본 성경책에 밑줄이 그어있지 않은 곳이 없단다. '라훌'의 기도제목은 자신이 다리를 저는 것 때문에 믿지 않는 사람들이 조롱하지 않도록 해달라는 것이다.

또한 '쿠시'라는 희망의 학교 유치원생은 한 쪽 눈이 안 보이고, 온 몸에 종기가 나고, 중이염으로 귀도 안좋은데 늘 행복해 한다고 한다. '쿠시'는 인도어로 '행복'이라는 뜻이다. 쿠시 어머니도 딸 아이가 늘 행복해 하는 것이 감사하다는 간증도 했다고 한다.

그리고 유영자 목사님 부친께서 70세와 80세 때 인도에 오셔서 1개월씩 머무셨는데, 계시는 동안 내내 교회 앞 쓰레기공원을 청소하셨고, 그 모습을 본 마을 주민들이 유목사님의 부친인줄 알고 "할렐루야"라고 불렀다고 한다. 유목사님 부친이 한국으로 가신 이후에는 마을촌장께서 부친을 이어서 계속 청소를 하고 계신단다. 유목사님 부친의 행동이 참 선교 아닐까?

오후 3시40분경 겨울캠프 등 모든 봉사를 모두 마쳤다. 로빈슨 목사님께서 겨울캠프에 참가한 어린이들에게 봉사에 참여한 이수성결교회 성도들과 희망의 교회 봉사자들에게 "감사합니다"라는 인사를 하게 하셨고, 단체사진을 찍은 후 아이들과 기념사진을 찍었는데, 한결같이 아이들이 천사의 눈을 가졌다.

어제 이용봉사, 벽화봉사, 겨울캠프봉사, 여성직업교육봉사 때문에 쓰레기촌 오빵이어 봉사를 하지 못한 분들은 쓰레기촌 오빵이어 봉사를 나갔다. 그 분들은 쓰레기촌 근처에 있는 화이트스톤교회에 들렸는데, 먼저 그 곳 어린이 20여명이 특송을 하고, 이어서 우리 청소년들이 답가하고, 그들을 축복하는 시간을 가졌다고 한다.

나는 희망의 학교 산토스 시리 교장선생님과 함께 나환자촌에 가서 주

선생님과 함께 나환자촌에 가서 주일에 전달하지 못한 선물을 주고 왔다. 더 좋은 선물을 준비하지 못해 너무 미안했다. 인도 형제들을 볼 때마다 더 주지 못해 미안한 마음만 든다.

나는 스키도 무서워서 안타는데, 생애 처음으로 오토바이 뒤에 타 봤다. 처음에는 너무 무서워서 교장선생님 배를 엄청 쎄게 잡았는데, 교장선생님이 자신을 믿으라면서 손 등을 두들겨 주셨다. 코감기가 걸렸지만, 정신이 없어 마스크도 쓰지 않은 채 달렸다. 교회에서 약 4km 떨어진 나환자촌이 40km 떨어진 것 같았다. 심지어 올 때는 일부 도로를 크랙션을 울리면서 역주행까지 했다. 스릴 만땅이었다. 언제 또 그런 경험을 하겠는가? 그런데 시간은 상대적인 것 같다. 갈 때 그렇게 멀게 느껴진 거리가 올 때는 역주행할 때도 여유롭게 고개를 들고 왔다. 빠라바 오토바이족 뒤에 타는 여인네의 마음이 이해되는 시간이었다.

저녁 7시가 넘어서 호텔에 도착했는데, 시장쪽에서 주문소리가 들려가 봤더니, 시장 한 가운데 있는 힌두교사원에서 힌두사제가 주문을 외우고 있었고, 신자들은 기도하고, 사원 밖에는 걸인들이 구걸하고 있었다. 교회도 시장 한 복판에 세워져서 하나님께 예배드릴 수 있기를 기원한다.

내가 자는 호텔방은 새가 화장실 환풍기로 들락거리고, 그 화장실쪽 벽에 커텐으로 가려진 문으로 찬바람이 솔솔 들어와서 너무 추워 방을 바꿔달라고 했더니 하얏트 호텔방 같은 것으로 바꿔줬다. 자고로 울어야 젖준다. 이 방도 화장실 환풍기가 열려있는데, 곧바로 신문지를 붙이는 방법으로 수리해주었다.

인도인들은 팁을 주면 받는 문화이기는 하지만, 손님이 침대 위에 팁을 두더라도 직접 주기 전에는 팁을 가져가지 않는다.

3일간 희망의 교회 봉사를 마치고, 밤 9시가 넘어서 11시20분까지 28명이 함께 모여 간식을 먹으면서 3일간의 봉사에 대해 은혜로운 나눔의 시간을 가졌다. 무엇보다도 나의 아들 김은철이 평소 눈물을 흘리지 않는 아이인데, 쓰레기촌 아이들을 보고 눈물을 흘렸다는 말에 감동했다.

내일부터 인도 땅 밟기가 이어진다. 하나님이 하실 일을 기대하고 잠을 청해본다. 아침에 일어났을 때 감기가 깨끗이 사라져 있기를 바라면서…

5. 다섯째날 : 파파드(papad)의 치명적인 유혹

오늘은 수요일이다. 인도시간 04:30경 일어났다. 어제밤 감기가 점점 심해지는 것 같아, 한꺼번에 먹으면 안되는데 감기약 3종류를 동시에 먹었다. 아침에 구토가 나오려고 하고, 식은땀이 났다. 배탈이 난 것 같아 '정로환'을 먹었다. 다행히 재치기와 콧물은 멈춘 것 같다.

아침에 박정수 목사님께서 나에게 안수기도를 해주셨고, 김윤재 집사님이 갖고 오신 누룽지, 정다소 자매가 갖고 온 매실액 그리고 목사님이 주신 바나나로 아침점심을 해결했다. 누룽지맛이 예술이다. 앞으로 누룽지는 여행필수품으로 꼭 챙겨야겠다. 10시경 누룽지로 아침식사를 대신하고, 다시 '코싹' 하나 먹고 잤다.

오늘 아침 QT나눔 때는 하나님의 시선으로 땅 밟기를 하되, 많이 웃고, 많이 보고, 많이 이야기하면서 즐거운 시간을 보내도록 권면했다. 예수 믿는다면서 근심걱정이 가득하다면 예수를 제대로 믿지 않는 것이다. 희망의 교회 유치원생 '쿠시' 믿음 보다 못해서야 되겠는가?

오늘 땅 밟기는 연꽃사원(인도에서 제일 큰 힌두교사원), 간디박물관을 둘러보는 일정인데, 나는 오늘 그냥 호텔에 머물면서 휴식을 취하기로 했다. 함께 하지 못해 몹시 아쉽지만, 내일 새벽 '타지마할로 가는 일정(05:00 출발, 버스로 약 5시간 이동)이 만만치 않아서 호텔에 남기로 했다.

힌두교사원 들어갈 때는 휴대폰, 금속 물질의 허리띠, 백(허리에 차는 작은 백도 안됨)을 갖고 들어갈 수 없고, 지갑만 갖고 들어갈 수 있다. 그런데 우리 일행 한 분이 주머니에 휴대폰이 있는 것을 깜박하고 갖고 들어가다 보안검색대에 걸려서 휴대폰을 맡기려고 30분 동안 줄을 서서 반납하려 했는데, 휴대폰을 맡길 때는 공식 양식서류에 써서 제출해야 된다고 해서 그 서류가 비치되어 있는 곳을 다녀온 사이 다시 긴 줄이 생겨 30분 더 기다린 헤프닝이 있었다고 한다.

인도 사람들은 자정이 넘어서 자고, 아침에는 9시 이후에 기상한다고 한다. 왜 그럴까? 정답은 낮잠 때문이다. 인도는 날씨가 덥다보니 낮에 가게문을 모두 닫고 낮잠을 자고, 오후 5시경 다시 열어서 늦게 문을 닫는다. 점심식사도 오후 2~3시경 먹고, 저녁식사도 9시 이후에 먹고, 심지어 자정에 먹는 집도 있다고 한다.

호텔방에만 있다보니 답답해서 오후 2시경 호텔 근처에 있는 가파르시장(Gaffer Market)를 둘러봤다. 시장은 승용차, 오토바이, 사람 등이 뒤엉켜 있고, 크랙션은 울리지만 누구 하나 짜증내는 사람은 없다. 마스크 쓴 사람은 나밖에 없다.

시장 근처에 있는 전철역을 갔는데, 검색대가 있어 짐을 검색한다. 테러 위험 때문에 전철역 뿐만 아니라 영화관, 호텔도 검문검색을 한다고 한다.

테러 위험 때문에 전철역 뿐만 아니라 영화관, 호텔도 검문검색을 한다고 한다. 내가 머물고 있는 호텔은 검색이 없는 것으로 봐서 이름만 호텔이지 호텔급이 아닌가 보다.

전철요금은 구간마다 다른데 20~70루피이다. 전철표 자동발매기도 1대 설치되어 있다. 검색대를 촬영했더니, 경찰이 다가와 사진 삭제하라는 손짓을 해서 직전에 찍은 사진을 삭제했다. 이미 몇개 찍었는데 …

지하철 계단 다니는 것을 보니, 사람은 차와 달리 우측 통행을 한다. 지하철 안에 핸드폰 가게와 커피숍이 1개씩 있었다. 전철역 화장실을 가봤는데, 입구에서 1인당 5루피를 받는 유료 화장실이다. 나는 그것도 모르고, 볼 일 보고, 사진도 찍고 나왔다. 시장에도 사람들이 왕래하는 사거리에 공용화장실이 하나 있는데, 남자들 일 보는 모습까지 보이고, 많이 지저분하다. 그래서 사람들이 돈 내고 지하철역 화장실을 사용하는 것 같다.

뉴델리 전철은 일본의 투자와 한국의 기술로 만들어졌는데, 한국 기술자들이 만들고, 첫 운행도 한국인이 했다고 한다. 잘 만들어서 좋은 평가를 받고 있다고 하니, 기분이 좋다. 전철역 입구쪽에 구두 닦는 분들이 두 걸음 간격으로 여러 명이 앉아서 손님들을 기다리고 있다.

시장 근처에 아파트 비슷한 주거지가 있는데, 그 앞을 공원처럼 조성해 놓은 곳(정사각형 형태인데, 그리 크지 않다)에 몇몇 사람들이 앉아서 이야기하고 있다. 그 곳에는 다람쥐들이 많았다. 공원 근처에 DOG shop도 있다. 3시가 조금 넘었는데, 좌판에서 과일 파는 아저씨가 낮잠을 즐기고 있다.

시장 한 복판에 있는 힌두교 사원은 낮에는 문이 굳게 잠겨져 있다가 저녁 7시가 되니까 어제 저녁처럼 경전을 읽는 소리가 들린다. 학교 옆에 스쿨버스가 1대 주차되어 있는데, 정면에 운전수 2명의 프로필이 붙어 있다.

조금 큰 상점들은 대부분 경비원이 있고, 심지어 가방을 맡기는 곳(BAG DROP)이 따로 있는 가게도 있다. 진열된 인도남자 전통복장 가격표를 보니 9,595루피 즉, 한화로 약 162,000원 정도이다. 호텔에 오후 3시 넘어서 들어와 샤워하고, 누룽지로 점심식사를 대신했다.

인도의 카스트(caste)제도에 대해 살펴본다.

수천년간 인도생활규율 역할을 해온 카스트제도는 현재 법적으로 폐지되어 있고, 근대화 및 교육의 영향으로 점차 약화되고 있으나, 여전히 사회관습으로 존재하고 있다. 지금도 각종 신청서에 카스트를 적게 되어 있고, 인도인들은 이름만 들어도 어느 계급인지 안다고 한다.

카스트계급은 크게 브라만(BHRAMMIN 사제), 크샤트리아(KSHATRYIY, 왕족, 군인), 바이샤(VAISHYA, 농공상인), 수드라(SDUR, 노예)로 나누고, 이 4개 계급에도 들지 못하는 불가촉민(UNTOUCHABLES)이 있다. '불가촉민'(또는 불가촉천민)은 만질 수조차 없는 천민으로, 옛날에는 다니는 길도 다르고, 학교에서 공부할 때 같이 책상에 앉아서 공부하지 못하고 바닥에서 공부했다고 한다.

정부에서는 불가촉민들에게는 무상 지원을 해주고, 입학이나 취업시 혜택을 주기 때문에 수드라계급에 속한 사람들이 델리도로를 점령하고, 자신들도 불가촉민처럼 대우해달라고 시위한 적도 있다고 한다. 카스트제도는 좋은 의미에서 목수는 자자손손 목수를 하는 등 분업의 의미가 있다고 하나, 마땅히 없어져야 할 제도임은 분명하다.

인도에서는 마하트마 간디 보다 더 존경받는 사람이 있는데, 그가 '암베드카르(Ambedkar)'이다. 암베드카르는 불가촉민 출신으로 봄베이에서 대학을 졸업한 후 미국, 영국에 유학, 1920년경부터 불가촉민제 철폐운동에 헌신했고, 독립 후에는 초대 네르내각의 법상, 헌법기초위원회 위원장으로 활동하면서 다수의 교육시설을 창설하는 등 하층민의 교육향상에 노력했다.

또한 불가촉민제의 근원은 힌두교에 있다는 이유에서 죽기 2개월 전에 수십만 대중과 함께 불교로 개종했는데, 종전의 불교와 구분하여 신불교라고 하고, 현재 약 500만명이 그 신불교 신자라고 한다. 참고로 간디는 브라만 출신이다.

오늘 저녁식사는 인도음식은 쌀밥과 야채스프만 먹었다. 내 배탈의 원인을 찾았다. 파파드(papad)이다. 남인도에서는 파파덤으로, 북인도에서는 파파드로 발음한다. 파파덤은 콩으로 만든 것으로 납작하고 둥글며 질감은 바삭한 인도와 파키스탄의 플랫브레드이다. 방글라데시와 파키스탄에서는 파파드와 파포르, 남인도 지역에서는 파파덤이라고 불리는 등 다양한 이름으로 불린다. 인도에서 파파덤은 식사의 반찬으로 제공된다. 보통 인도인들은 파파덤을 1개만 먹는데, 나는 어제밤 너무 맛있다고 5~6개를 먹었던 것이다. 인도에서는 파파덤의 치명적인 유혹을 잘 견뎌야 한다.

내 아들 은철이가 땅 밟기 다녀와서는 내 방에 들어와 "아빠 괜찮냐"고 묻고 갔다. 다 컸다.

6. 여섯째날 : 타지마할

오늘은 목요일이다. 새벽 5시20분경 호텔에서 체크아웃하고, 타지마할이 있는 아그라(Agra)로 출발했다.

아그라 가는 길목 고속도로 휴게소에서 쉬면서 버스 안에서 계란, 바나나, 식빵으로 아침식사를 했는데, 나는 뱃속이 좋지 않아 계란과 바나나만 먹었다. 휴게소 화장실은 공용이라서 요금은 받지 않았다. 휴게소 안에 커피숍이 있는데, 커피 1잔에 169루피이고, 커피를 여러 개 들고가는 것이 없어서 한 사람당 2개의 커피밖에 살 수 없다. 편의점에 들려 스타벅스 병커피 가격을 물어보니 1병당 350루피로 엄청 비쌌다. 버스에 난방이 되지 않아 많이 춥다.

인도하면 떠올리는 것이 타지마할(Taj Mahal)이다. 타지마할은 무굴제국 제5대 황제 샤 자한(Shah Jahan)의 부인 몸타즈 마할(Mumtaz Mahal)의 무덤이다. '완벽한 아름다움의 결정체'라는 찬사와 함께 1983년 유네스코 세계문화유산으로 지정되었다.

황비 몸타즈 마할이 14번째 자녀를 출산한 후 불치병에 걸려 죽었는데, 그녀가 죽기 전에 다음 3가지 유언을 했다고 한다.

첫째 세상이 갈라놓을 수 없는 사랑의 증거로 아름다운 기념비를 무덤에 지어 달라. 둘째 다른 여자와 결혼하지 말라. 셋째 자식들을 잘 키워달라.

황비도 황제를 닮아서 그런지 이기적인 인물이었나 보다. 남편을 사랑한다면 새 장가 가라고 해야 하지 않을까?

타지마할의 주건물은 1631년 12월부터 1648년까지 2만여명의 노동자들이 동원되어 완성되었고, 그 부수건물은 5년에 걸쳐 만들어 지는 등 총 22년 동안 지어진 건물이다.

벽에 새겨진 문양 뿐만 아니라 바닥에 깔린 대리석 하나 하나가 예술작품이다. 사진과 영상으로 보는 것과 자신의 눈으로 직접 보는 것은 분명 다를 것이다. 그 많은 대리석을 어떻게 갖고 와서, 어떻게 다듬어서, 어떻게 그렇게 아름답게 만들었을까? 저절로 감탄사가 나온다. 타지마할은 살아생전 꼭 봐야 할 건축물임은 분명하다.

그렇지만 타지마할을 만든 샤 자한 황제는 자신의 아내 '무덤'을 짓기 위해 2만명을 22년 동안 희생시킨 사람에 불과하다. 그에게 2만명은 단지 자신의 소유물에 불과했을 것이다. 심지어 또 다시 타지마할과 같은 것을 만들지 못하도록 기술자들의 팔을 잘랐다는 이야기도 있다.

다만, 샤 자한 황제는 후손들에게 큰 선물을 남겼다. 휴무일인 금요일을 제외한 날마다 외국인은 1인당 1,000루피(한화 16,800원), 인도인은 1인당 50루피 수입을 얻게 하고 있기 때문이다. 생수 500ml 1병과 타지마할 본당에 들어갈 때 사용하는 신발싸게를 무료로 주고, 그 안에 화장실을 무료로 사용하게 하지만, 화장지 2~3겹 주고 화장지 값으로 10루피를 받는다. 그 곳 화장실은 비교적 깨끗했다. 대변기 옆에 물뿌리는 도구가 있는데, 인도인들은 그것으로 항문을 씻는다고 한다. 수동 비데기인셈이다.

또한 타지마할에 들어갈 때 검색대를 통과해야 하는데, 그 곳에서 주는 물을 제외한 모든 음식물, 볼펜 등 뾰족한 물건의 소지가 금지되나 휴대폰은 갖고 갈 수 있다. 우리 일행 중 콩알처럼 생긴 과자를 갖고 간 사람이 있어서 버리지 못하고 현장에서 나눠먹고 들어갔다.

타지마할은 황제의 개인적인 욕망을 위해 수많은 사람들은 도구로 사용하여 만들어진 건축물이고, 우리 예수님은 그 '사람들'을 보셨다. 예수님은 가난하고 소외된 사람들을 위한 삶을 사셨고, 우리들의 죄를 대속하기 위해 자신의 몸까지 바치셨다. 나를 위한 삶이 아닌 이웃을 위한 삶을 사신 것이다. 화려한 건축물 대신에 사랑을 유산으로 남기셨다.

예배당을 유럽의 중세 성당처럼 화려하게 지으면 무엇하나? 하나님께 예배드리지 않은 성당은 더 이상 성당이 아니다. 한국교회도 유럽의 중세 성당처럼 되지 말라는 법은 없다. 이웃을 위한 것이 아닌 우리들만을 위한 타지마할은 필요없다. 지금 우리에게는 희망의 교회 같은 가난하지만 가난하지 않는 '사람' 중심의 교회가 필요한 것이다.

타지마할이 아무리 보기 좋아도 화장실에서 큰 일을 봐야할 상황이 되니 아무 것도 눈에 들어오지 않았다. 더 살펴보지 못해 아쉽다. 아무리 평생에 한 번 오는 기회라 할지라도 볼 일은 봐야한다.

타지마할을 둘러본 후 나오는 길목에는 관광상품 판매점이 즐비하게 있다. 나도 그곳에서 대리석으로 만든 제품을 몇개 샀는데, 절대 첫번째 부르는 값으로 사면 안된다. 살 것처럼 하거나 몇개 사고 나면 가격이 현저히 떨어진다. 깎아달라고 이야기 할 필요도 없다. 사고 싶다는 연기만 하고, '입질'을 기다리면 된다. 반드시 문다! 옆에서 "갑시다"라고 외치면 금상첨화다.

타지마할을 나와 점심식사는 도미노피자집에 들려 피자와 콜라로 점심식사를 했다. 16판을 주문했는데, 순식간에 동이 났다. 손으로 직접 만드는 피자라서 그런지 참 맛있었다. 다만, 나는 아침부터 설사를 해서 피자 한 조각과 콜라만 먹었다.

인도에서는 대부분이 유료화장실이라 생각하면 된다. 그렇지만 유료라고 해서 깨끗할 것이라고는 꿈에도 생각하지 마라. 도미노피자집 안에 있는 화장실은 무료지만, 남여공용이었고, 매우 지저분했다. 나는 그곳에서 생애 처음으로 수동 비데기를 사용해봤다. 쉽지 않았다.

점심식사 후 다음 땅밟기 지역인 자이푸르로 가는 길목에 있는 파테푸르 시크리(Fathpur Sikri)로 갔다. 그 곳은 1570년부터 1585년까지 무굴제국의 수도였다. 무굴제국 악바르 황제는 시크리에 사는 성자의 예

언대로 아들 세명을 얻자 감사의 표시로 천도했다가, 14년만에 물이 부족해 다시 아그라로 천도했다고 한다. 어떻게 수도를 정하면서 그렇게 무책임하게 할 수 있다는 말인가? 파테푸르 시크리 왕궁은 아그라에서 37km 떨어진 언덕 위에 자리하고 있는데, 옛 모습을 잘 간직하고 있다. 왕궁 한 가운데는 왕이 앉는 의자가 있고, 아예 체스판도 만들어져 있다.

왕궁으로 가려면 주차장 입구에서 작은 버스를 타고 이동하고(1인당 10루피), 입장료는 1인당 500루피인데, 타지마할 입장권 소지자는 10루피 할인해준다. 왕궁 내 화장실도 사용해 봤는데, 당시 공용화장실 모습이 그대로 남아 있었다. 옆에 사람이 있는데, 어떻게 볼 일을 봤을까? 악바르 황제는 400여명의 후궁들 중에서 힌두교, 불교, 기독교 각 대표급 부인과 함께 살면서 자신을 위해 축복하도록 했다고 한다. 이 양반은 진짜 욕심쟁이 황제이다.

그 곳에서 신부 사진 촬영하러 온 신부와 함께 사진을 찍었고, 신부 일행도 자신들과 함께 사진 찍자고 해서 기꺼이 모델이 되어줬다. 미소가 이쁜 어린이 3명과도 함께 사진을 찍었다.

한겨울인데 도로변 밭에는 유채꽃 같은 것이 활짝 피어있고, 심지어 꿀을 모으는 양봉 통도 보인다. 도로 중앙분리대에도 주황색 철쭉같은 꽃이 피어 있다.

숙소가 있는 자이프로로 가는 길에 운전기사가 졸음이 온다고 해서 잠시 쉰 곳이 인도전통품을 판매하는 곳이었다. 그곳도 화장실은 10루피를 받았는데, 그곳에서도 수동 비데기를 사용했다. 결과는 참담했다. 옷이 다 젖을 정도였다. 나는 인도사람이 되기에는 한참 먼 것 같다.

밖에 나와 밤하늘을 보니 참 별들이 많았다. 내가 언제 별을 봤던가... 하나님이 주신 별빛을 한달에 한 번이라도 보고 살자.

버스가 달리는 중에 '소'님께서 지나가시는 바람에 버스가 급정거했다.

자이푸르 HAWA MAHAL호텔에 도착했는데, 뉴델리호텔 보다 훨씬 좋다. 일단 호텔 입구에 경비원이 있다. 인도에서 괜찮은 호텔인지 아닌지는 인터넷에 올라온 사진으로만 판단하지 말고, 경비원이 있는지 없는지로 판단하는 것이 더 확실하지 않을까?

밤 9시가 넘어 호텔에 도착해서 세수만 하고, 저녁식사를 했다. 나는 치킨스프 4그릇, 마요네즈 살짝 섞은 삶은 감자, 고추장에 비빈 쌀밥에 당근이나 오이를 얹어서 이틀만에 배부르게 먹었다. 후식으로 아이스크림도 제공했지만, 꾸욱 참았다. 살 것 같다.

7. 일곱째날 : 타지마할 만큼 멋진 암베르 포트

오늘은 금요일이다. 어제밤 밤새 다듬어 놓은 여행기 내용이 저장되지 않아, 오늘 새벽에 다시 생각해서 정리하느라 힘들었다.

인도 식당에서 나오는 계란 뿐만 아니라 인도인들이 먹는 계란은 하얀 계란인데, 한국 사람들이 먹는 노란 계란 보다 더 맛있는 것 같다.

인도산 바다나는 필리핀산 보다는 조금 작지만, 1송이(12개)가 50루피(한화 840원) 정도로서 비교적 저렴할 뿐만 아니라 맛도 일품이다. 파파야도 처음에 먹기에는 거북했으나, 지금은 없어서 못먹을 정도이다.

참고로 인터넷은 구글이나 페이스북, 카카오톡은 잘 되는데, 네이버는 잘 안되는 것 같다. 또한 인도 엘리베이터는 영국식으로 우리나라 1층이 0층이다.

자이푸르는 겨울이 따뜻하기 때문에(1월 12일 13:24 현재 25도이다) 겨울방학이 없고 여름방학만 있다. 그래서 델리 사람들도 겨울에는 자이푸르로 많이 놀러온다. 우리가 탄 버스에도 에어컨을 켰고, 도로에는 2층이 오픈된 2층 버스도 다녔다.

자이푸르는 도시 전체가 황토색으로 도색을
해놓은 듯 하다. 자이푸르 올드 시티에 있는
'하와 마할'(Hawa Mahal)은 버스가 정차할

곳이 없어서 지나가면서 창문으로만 봤다. 하와 마할은 시장 한 가운
데 있는데, '바람의 궁전'으로 불리는 5층 규모의 건축물이다. 무려 953
개의 격자형 창문이 벌집처럼 건물 정면을 덮고 있다. 시인으로도
유명했던 사와이 프라탑 싱 왕이 궁 밖 출입이 자유롭지 않은 왕실 여
성들이 도시를 구경할 수 있도록 수많은 창문을 구상했다고 한다.

오늘 첫 번째 땅 밟기 지역은 자이푸르 올드 시티
밖에 있는 암베르 포트(Amber Fort)이다. 가는 길에
낙타를 여러 마리 만났다. 암베르 포트의 모습이
나타나자 저절로 탄성이 나왔다. 산 언덕 위에 자리한
궁전은 영화 속의 한 장면을 보는 것 같다.

자이푸르로 천도하기 전까지 150년간 자이푸르 왕가의 수도이자 왕족
들이 살던 성이다. 흰 대리석과 붉은 사암으로 지어졌는데, 참 아름답
다. 언덕에 있는 궁전까지는 계단으로 연결되어 있고, 계단 옆으로 나란
히 난 도로는 과거 교통수단이었던 코끼리가 지나다니던 길인데, 지금
도 오전에는 코끼리가 관광객을 궁전 입구에서 궁전까지 실어 나른다.

그 코끼리에 두 명이 탈 수 있고, 요금은 1인 당 550루피이다. 코끼리 모
는 사람이 사진을 찍어준다고 할 때 절대 핸드폰 주지 마라. 사진도
제대로 찍어주지 않을 뿐만 아니라 20루피 팁을 줘도 작다고 안받
는다. 우리 일행 중에는 팁으로 10달러 준 분도 있다.

더군다나 대부분의 코끼리 모는 사람들이 요금 외 팁을 요구하는데, 궁전에 도착하여 내려준 곳에 "NO TIPS PLEASE"이라는 표지석이 있을 뿐만 아니라 그들의 행태를 보면 주지 않아도 된다.

특히 코끼리를 탈 때 주의할 점이 있다. 코끼리를 타고 가면 주변에서 현지인들이 '스스로' 관광객들의 사진을 10~15장 찍은 것을 즉석에서 출력한 다음 미니 사진첩에 담아서 주는데, 그 사진첩을 1,000루피 달라고 한다. 관광객이 사고 안사고는 자유이지만, 관광객이 살듯한 태도를 보이면 끝까지 물고 늘어진다. 우리 일행 중 한 청년도 그 사진첩을 300루피에 구입하겠다고 했으나, 사진을 찍은 현지인은 500루피 이하는 안된다면서 사진첩을 버스 안에 던진 후 타고 온 오토바이로 버스 앞을 가로 막는 등 운전을 방해했다. 결국 한 참을 가서야 400루피를 건네주자 떠났다.

왕궁을 오가는 코끼리는 건강을 위해 오전에 세번만 운행하는데, 사육사가 코끼리에게 밥을 충분히 주지 않으면 몸을 흔들어서 손님에게 위협을 주는 경우도 있다고 한다.

아들에게 함께 코끼리 타고 가자고 했다가 일언지하에 거절당했다. 룸메이트랑 타고 가겠단다. 아들이 소중한 순간을 아들하고 보내고 싶은 아빠의 마음을 몰라주자 순간 서운했다. 그렇지만 어찌 하겠는가? 부모보다 친구가 더 좋은 아들의 마음을…

암베르 포트는 볼거리가 참 많다. 타지마할과 암베르 포트 둘 중에 다시 가 보고 싶은 곳은 암베르 포트이지만, 자기 스스로 찍은 사진을 강매한 젊은이와 팁을 강요하는 코끼리 모는 사람들을 생각하면 다시는 가고 싶지 않다. 차라리 요금을 1인당 1,000루피를 받고, 사진첩을 주는 편이 훨씬 좋았을 것 같다.

궁전에서 내려올 때는 짚차를 이용하면 좋다. 짚차 1대에 6명이 탈 수 있는데, 짚차 1대당 운임은 500루피이다. 짚차 운전자도 운행 후 팁을 요구하는데, 무시해도 된다. 암베르 포트 호수 가운데 있는 궁전이 보이는 길가에서 잠깐 사진을 찍었다.

암베르 포트를 보고 다시 자이푸르 올드 시티에 있는 시티 팰리스(City Palace) 가는 도중에 인도음식 뷔페식당으로 갔다. 박정수 목사님은 배탈이 나서, 나는 또 배탈이 날까봐 레몬고수스프(lemon and coriander)만 두 그릇씩 먹었다.

점심식사 시작할 무렵 현지 전통복장 차림의 아버지와 어린 아들이 전통악기를 들고 와 앉아 있다가 식사가 시작되자 연주를 시작했고, 연주 도중에 아들이 혼자 나와서 춤을 추다가 나중에는 우리 일행 몇 사람을 데리고 나가 함께 춤을 췄다.

우리가 요청한 공연이 아니기 때문에 팁을 주지 않아도 된다고 했지만, 짧은 시간 즐겁게 해준 부자에게 팁을 기쁜 마음으로 줬다. 팁은 그렇게 자진해서 기쁜 마음으로 줘야지 강요하는 것은 팁을 받는 것이 아니라 강도짓이다. 초등학생으로 보이는 어린 아들의 밝은 표정이 참 보기 좋았다.

시티 팰리스는 관람료는 1인당 500루피인데, 한국인도 학생증 있으면 할인 가능하다. 매표소 입구에서 한국어로 된 옷을 입은 사람과 기념사진을 찍었다. '민주택시 총력 투쟁'이라는 글자가 쓰여있는 옷이었다. 그가 무슨 뜻인줄 알고 입고 있는 것일까?

관광순서를 시티 팰리스를 보고, 암메르 포트를 봤으면 더 좋았을 것 같다. 우리 일행 중 한 분은 "스테이크를 주고 나서, 국수를 준 격이다"라고 표현했다.

시티 팰리스 안에서 인도전통복장을 하고 있는 근위병 등의 사람들이 먼저 사진 찍자고 할 때 그냥 같이 사진 찍으면 안된다. 반드시 팁을 달라고 한다.

인도여행 할 때는 10, 20, 50, 100루피 등 작은 단위의 돈을 휴대하는 것이 좋다. 면세점과 대형 쇼핑몰에서도 루피화가 통용된다. 면세점에도 아예 달러화가 표기되어 있지 않다. 미국 달러를 사용할 수 있는 곳은 관광지 호객꾼들에 물건을 살 때 밖에 없는 것 같다.

시티 팰리스 안에서 연 날리는 사람이 몇 사람이 있었다. 그런데 연에 연꼬리가 없다. 고속도로 톨게이트 근처에서 어느 아저씨 한 분이 열심히 연을 날리고 있었는데, 그 연도 연꼬리가 없었다.

시티 팰리스 길 건너편에 해시계가 설치된 천문대가 있는 잔타르 만타르(Jantar Mantar)가 있다. 그 천문대는 1728년에 만들어진 것인데, 높이가 30m에 달하는 해시계는 현재 인공위성으로 관측하는 시간과 단 2초밖에 차이가 나지 않는다고 한다.

시티 팰리스 관람을 마치고, 다시 뉴델리로 이동했다. 고속도로를 타고 가다 보니 산 중턱에 하얀색 건물의 힌두교사원이 자리 잡고 있다. 사람들이 사는 곳은 곳곳에 작은 힌두교사원들이 세워져 있다고 한다. 교회당 건물은 세우기 어렵지만, 힌두교사원은 누구든지 또 어디에서든지 세울 수 있고, 세금도 안낸단다. 힌두교 나라답다.

한국 고속도로에서 볼 수 없는 인도 고속도로 진풍경이 하나 있다. 그것은 'BLOW HORN'이다. 트럭마다 대부분 이 단어가 써 있다. 입으로 부르는 것을 HORN이라고 하는데, 우리가 탄 버스도 앞 차를 추월할 때 뿐만 아니라 옆 차를 지나칠 때도 호르라기 비슷한 소리를 낸다.

고속도로 중간 중간에 마을을 통과해야하기 때문에 도로가 많이 정체된다. 고속도로 중앙분리대를 높이 설치해놨음에도 넘어 다니는 사람도 있고, 오토바이도 자유롭게 다닌다. 제한속도는 있기는 하지만, 속도측정기가 없어서 사실상 제한속도가 없는 것과 다름 없다. 그렇지만, 차들이 많이 다녀서 실제로 속도측정기는 필요 없을 것 같다.

고속도로 주변 학교 운동장에 비둘기떼들이 놀고 있고, 검은 소 한 마리가 어슬렁 어슬렁 걸어다니고 있다. 아이들은 흙먼지를 날리면서 뛰놀고 있다.

고속도로 휴게소에 잠시 들렸는데, 휴지를 사용하면 10루피, 사용하지 않으면 무료이다. 이 작은 화장실도 입구에 남여사진으로 남여화장실을 구분하고 있다. 휴게소 내 작은 모텔이 하나 있는데, 그 모텔 귓퉁이에 힌두교 신상들이 있고, 그 옆에 붉은색 꽃도 피어있다.

인도 도시노동자들의 임금은 어느 정도일까? 정부에서는 교사 1인당 급여를 한달에 30,000루피를 지급하라고 하지만, 희망의 학교에서는 수입이 많지 않아 15,000루피 밖에 못주고 있다고 한다. 30,000루피면 한화로 504,000원이다. 보통 식당에서 일하는 사람들 한달 급여는 10,000~15,000루피밖에 되지 않는다고 한다.

인도 여성을 특징짓는 것 중 하나가 이마에 찍는 작은 점 빈디(Bindi)이다. 빈디는 인도 모든 여성들이 하는 것이 아니라 힌두교인 중 결혼한 여성만 한다. 일종의 결혼했다는 징표이다. 인도 여성들이 걸치는 '사리'라는 것도 결혼한 여성들이 걸친다고 한다. 반면에 남편이 없거나 기독교 신자는 빈디를 뗀다. 온 집안식구가 기독교 신자가 아닌한 인도에서 빈디를 떼기는 쉽지 않다고 한다.

또한 인도여성의 결혼지참금제도인 다우리(dowry)에 대해 이야기 안할 수가 없다. 현재 인도에서 법적으로는 다우리제도가 금지되어 있지만, 지금도 그 폐혜는 심각하다고 한다. 여성이 시집갈 때는 금 10~20kg를 접시에 담아가고, 아무리 가난해도 50,000루피 이상은 지참금으로 갖고 간다고 한다. 남매일 경우 남자형제는 자매를 결혼시키고 결혼할 수 밖에 없고, 이는 결국 여성의 굴레이자 부모의 굴레라고 한다. 심지어 남편이 다우리제도를 악용하여 아내를 가스불에 죽이거나 옥상에서 떨어뜨려 자살하는 것처럼 죽이고 새 장가를 가는 경우도 있다고 한다.

또한 인도에서 개종하면 "7대째 안본다"는 말이 있다고 한다. 개종하면 인연을 끊는다는 이야기와 다름 없다. 또한 인도에는 명예살해죄가 있어서 자식이 개종하면 죽일 수 있고, 형사처벌은 받지만 징역 2년 정도의 형밖에 살지 않는다고 한다. 참 무서운 인도이다.

자이푸르에서 오후 3시10분경 출발했는데, 뉴델리 DARBAR호텔에 밤10시경 도착했다. 참고로 동쪽지역을 델리, 나머지 지역을 뉴델리라고 한다.

델리에 도착하니 스모그 때문에 뿌옇다. 자이푸르가 '맑고 푸른 동해바다'였다면, 오늘밤 델리는 '먼지 자욱한 공사장'이다. 그래도 뉴델리공항에 도착했을 때보다는 훨씬 낫다. 오늘 자이푸르의 하늘이 너무 맑았다.

오늘 한국에서는 금요 심야예배가 있는 날이다. 그런데 인도는 대부분의 교회가 주일예배만 드리고, 희망의 교회는 금요일 오후 구역예배를 드린다고 한다. 오늘밤 이수성결교회 성도님들이 우리를 위해 기도하는 소리가 들리는 듯 하다.

저녁식사 후 오늘이 생일인 김유진 자매와 이번주 생일인 이형규 청년의 생일을 축하하는 시간을 가졌는데, 로빈슨 목사님께서 두 사람을 위한 축복기도를 해주셨다. 특히 임유진 자매는 이번 여행에 함께 동행한 윤영민 형제와 3월 1일 결혼할 예정인데, 오늘 윤영민 형제가 결혼반지를 전달하는 뜻 깊은 시간을 가졌다. 두 분 모두 이수성결교회 새가족들이다. 두 분의 앞 날에 하나님의 축복이 가득하기를 기도한다. 호텔방에서 정겨운 귀뚜라미 소리가 들린다. 귀뚜라미도 이 밤이 아쉬운가 보다. 그렇지만 우리 그만 자자.

8. 여덟째날 : My life is my message

오늘은 토요일 인도여행 마지막 날이다. 7박 8일 인도여행 중 3일은 감기로, 2일은 배탈로 고생했지만, 참 행복하고 뜻 깊은 날들의 연속이었다.

오늘도 새벽 4시경 일어나 여행기를 다듬고 잠깐 잠들었는데, 복도에서 우리 일행 중 한 분이 한국에 있는 아내, 어린 두 아들과 정겹게 통화하는 소리에 잠이 깼다. 참 보기 좋고, 행복한 모습이다.

가정은 하나님이 우리에게 맡긴 선교지이다. 이 세상에서 가장 중요한 선교지이다. 가정이 행복해야 일터에서도, 교회에서도, 선교지에서도 행복할 수 있다. 그래서 우리는 이 세상 끝 날까지 마음을 다하고 뜻을 다하여 가족을 사랑하고, 섬겨야 한다. 선교의 시작은 '가정'이어야 하고, 내 곁에 있는 '이웃'이어야 한다. 가족들이 보고 싶다.

우리 일행 중 한 청년은 어제 임유진 자매와 이형규 청년 생일 축하 자리에서 자신의 생일도 어제라고 했다. 영적으로 새롭게 태어났기 때문이란다. 그 마음이 너무 이쁘다.

아침에 요플레 두 그릇(설탕을 타서 먹어야 한다), 누룽지, 파파야로 배부르게 먹었다. 해외여행시 필수품목으로 비상약(정로환, 감기약), 고추장 외에도 누룽지가 추가 되어야 한다.

호텔방에서 구슬프게 우는 비둘기 울음소리가 들린다. 함께 방을 쓴 목진용 안수집사님은 처음에 이 호텔에 왔을 때의 비둘기 소리는 "왜 이방신의 나라에 왔냐"고 따지는 소리로 들렸는데, 지금은 비둘기가 아쉬워서 우는 소리로 들려 "내 마음도 아프다"고 한다. 목집사님 말씀대로, 난방도 안되고, 따뜻한 물도 제 때 잘 공급이 안되는 이 호텔도 몸 한번 제대로 씻지 못하는 인도 형제자매들 생각하면 천국이다. 그렇게 천국은 내 마음 속에 자리잡고 있다.

아침식사 후 잠깐 시장을 둘러봤다. 누가 치웠는지 도로가 깨끗해져 있었다. 노상 이발사가 손님맞이를 하고 있다. 힌드교사원은 문을 열어놓고 사제로 보이는 2명이 신자들을 맞이하고 있었다. 힌두교도들에게 예배는 일상생활인 것 같다.

오전에 인도의 신흥종교단체(이름조차 밝히고 싶지 않다)가 짝퉁 오페라하우스 형태로 예배당을 지어 관광명소로 만들어 놓고 알게 모르게 포교를 하고 있었다. 심지어 한국어 안내책자도 있다. 나도 처음에는 관광명소로만 생각했으나, 건물 안으로 들어가는데 신발을 벗으라고 하여 굳이 들어가고 싶은 마음이 없어 뒤돌아 나가려고 했는데, 경비원이 뒤돌아 갈 수 없다고 하여 할 수 없이 예배당 입구까지 갔다가 왔다. 우리 대원들도 이곳에서는 단체사진조차 찍지않았다.

점심식사 장소로 정한 대형 쇼핑센터로 가는 길에 햇볕이 강렬함에도 경찰이 테러를 예방하기 위해 버스 창문에 커텐을 치지 못하게 한다. 13시 26분 현재 날씨 22도이기에 에어컨을 가동했다.

선교팀 재정으로 대원들에게 1인당 점심값으로 1,000루피를 지급해서, 나는 KFC에서 야채 샐러드가 포함된 세트메뉴를 시켰는데, 받아보니 인도식 전통카레밥이었다. 그래서 몇 숟갈 먹은 다음 옆자리에서 밥 먹던 아들 은철이에게 줬다. 유영자 목사님께서 세 자녀와 함께 쇼핑센터로 배웅나오셨다가 공항까지 함께 동행해 주셨다.

인도를 위하고, 인도 선교를 위해서는 100년전 우리나라처럼 학교와 병원, 고아원 등 인도인들에게 필요한 것부터 시작해야 할 것 같다. Church of Hope가 하고 있는 것처럼, 학교 교육을 하면서 예수님을 이야기하고, 아울러 올바른 목회자를 양성하는 것이 우선 아닐까?

지금 인도인들에게는 도처에 믿을 신들이 너무 많다. 인도인들은 예수님이 자신들이 옛날부터 믿는 신들과의 차이를 모를 수밖에 없는 환경 속에서 살고 있다. 말이 아닌 행동으로 보여줘야 한다. 그들이 느끼게 해야 한다.

델리지역은 정부에서 운영하는 모든 병원과 학교(1~12학년)는 무료이고, 대학교 1년 학비도 5만원 정도라고 한다. 그러나 정부에서 운영하는 병원은 의료보험이 없어도 누구나 진료를 받을 수 있기 때문에 기다리는 사람들이 많아서 검사 결과는 한달 후에 나오고, 수술일자도 1년 후 잡히는 경우도 많아서 선호하지 않는다고 한다. 반면에 사립병원과 사립학교는 매우 비싸다고 한다.

그러므로 비싸지 않게 사립병원과 사립학교를 운영하거나 고아원이나 유치원을 운영하면서 하나님의 사랑을 실천하는 것이 좋은 선교방법으로 보인다.

여권과 티켓이 없으면 공항에 들어가지도 못한다는 점을 주의해야 한다. 인도인도 여권과 티켓이 없으면 공항에 들어가지 못한다. 다만, 인도로 오는 사람을 마중할 때는 2달러 내고 검색대 통과하면 공항에 들어갈 수 있다.

인천공항에 도착하자 김윤철 장로님 등 세분이 마중나와 주

셨고, 교회에 도착했을 때는 강광순 권사님 등 성도님들이 맛있는 김치찌개를 준비해주셨다. 사랑이다.

"My life is my message." 간디박물관에 있는 간디의 명언이다. 나의 인생이 내가 전하려는 메세지이다. 우리 각자의 삶이 전도가 되어야 한다.

"기억은 짧고, 추억은 길다." 유영자 선교사님이 자신의 페이스북에 올린 글이다. 그런데 이번 인도선교여행은 기억도 길고, 추억도 긴 여정으로 남을 것 같다. '여행은 한 권의 책을 읽는 것과 같다'고 하는데, 이번 인도 단기선교여행은 내가 평생 읽은 책을 한꺼번에 읽은 느낌이다. 그냥 감사한 마음뿐이다.

아울러 인도 도착한 첫 날부터 출국한 날까지 동행하면서 헌신적으로 섬겨주신 로빈슨 목사님께 깊이 고개숙여 감사인사 드린다. Church of Hope가 인도의 희망이 될 것으로 믿는다. 끝으로 7박 8일 동행해주신 하나님께 감사하고 감사하다.

※ 인도단기선교 2018.1.14. 주일 간증문

7박 8일 인도 단기선교여행에 함께 해주신 하나님께 감사합니다. 하나님 덕분에 호강하고 왔습니다. 사랑하는 우리 성도님들 기도 덕분에 건강히 잘 다녀왔습니다. 우리 28명은 인도 Church of Hope(희망의 교회)를 섬기려고 갔는데, 큰 사랑만 받고 왔습니다. 우리는 선교 준비를 잘하지 못했는데, 하나님은 우리가 상상하지 못한 선교를 준비해 주셨습니다.

Church of Hope는 평생 나병 걸린 채로 그 곳에서만 살아야하는 나환자촌 교회에 담임목회자를 파송해서 주일예배를 드리고 있고, 12명의 학생들의 학비를 지원하고, 매주 월요일 교회에서 직접 만든 빵을 나눠드리고 있었습니다. 예수 믿으라고 말만 하는 것이 아니라, 행동으로 예수 사랑을 전하고 있었습니다.

이미용사역팀, 벽화그리기사역팀을 제외한 22명의 성도들이 박정수 담임목사님, 로빈슨 목사님과 함께 그 곳에 가서 30여명의 나환자촌 성도들과 함께 하나님께 예배드렸습니다. 나환자촌 예배당이 몇 평인지 아십니까? 13평입니다. 50여명이 함께 예배드리기에는 턱없이 부족한 13평 예배당에서 몸이 불편하신 성도님들은 예배당 밖에서 함께 하나님께 예배드렸습니다. 박정수 담임목사님은 설교말씀 전에 우리 청년들에게 "범사에 감사하는 삶을 살라"고 당부하셨습니다. 하나님 사랑 안에서 우리는 하나였습니다.

예배가 끝나고 특송을 부른 나환자촌 9명의 학생들에게 꿈이 무엇이냐고 묻자, 그들은 한 사람 한 사람 앞으로 나와 "선생님, 의사, 경찰관, 엔

지니어, 댄서"가 되고 싶다고 했습니다. 저는 그들의 꿈이 모두 이루어 질 것으로 믿습니다. 버스가 오는 것을 기다리는 10분 동안 먼저 김영대 전도사님이 멋진 춤을 추셨고, 이어서 나환자촌 학생과 우리 청년이 번갈아가면서 춤판이 벌어지자 박정수 담임목사님마저 춤을 추셨습니다. 여러분, 상상이 가십니까? 예수님이라면 그렇게 하셨을 것입니다.

박정수 담임목사님께서 손가락이 없는 성도 등 10여명의 나환자촌 성도들에게 안수기도 하실 때 저도 그 분들의 손을 꼭 잡고 함께 기도했습니다. 제가 할 수 있는 일은 그 분들의 손을 잡아주는 것이었습니다.

우리가 준비한 선물을 주일날 갖고 가지 못해, Hope of Church에서 운영하고 있는 초등학교 교장선생님과 함께 선물을 갖다드렸는데, 손이 너무 부끄러웠습니다. 더 준비하지 못해 너무 미안하고 마음이 아팠습니다.

Church of Hope는 교회에서 승용차로 약 10분 거리에 있는 쓰레기촌 사람들에게도 매주 빵을 나눠드리고, 그 쓰레기촌 바로 옆에 15평 "화이트스톤교회"에 21살 여자전도사님을 파송하여 섬기고 있었습니다.

우리가 쓰레기촌 사람들에게 빵을 나눠드린 후 화이트스톤교회를 방문하여 제가 대표기도를 하는데, 눈물이 나서 기도조차 제대로 하지 못했습니다. 하나님은 우리들에게 "함께 울라"고 가르쳐주셨습니다.

Church of Hope 성도들 한달 헌금은 약 10,000루피, 우리나라 돈으로 168,000원입니다. Church of Hope는 그 헌금 전액을 Church of Hope가 델리에 개척한 8개 교회, 그 외 지역에 개척한 12개 교회 총 20개 교회와 목회자들 자녀 교육비로 사용합니다. Church of Hope에는 청년이 몇명 없습니다. 청년이 등록하면 훈련시켜서 개척한 교회로 파송하기 때문입니다. 우리가 함께 예배드린 주일날도 반주하던 청년을 개척교회로 파송하는 파송식이 있었습니다. 우리 이수교회 청년부가 부흥되는 것이 처음으로 부끄러웠습니다. 유영자 선교사님과 대화중에 선교사님 가정에서 하는 십일조가 3,000루피라는 이야기를 들었습니다. 그렇다면 선교사님 부부의 한달 사례비는 30,000루피, 우리나라 돈으로 504,000원입니다. 우리 이수교회 등으로부터 받고 있는 후원금은 대부분 선교비로 사용하고 있었습니다.

선교는 나중에 여유 있을 때 하는 종교생활의 장식품이 아닙니다. 지금 나로부터, 지금 내가 할 수 있는 일을 하는 것입니다. 지금 저는 Church of Hope를 후원하자는 이야기를 하는 것이 아닙니다. 저와 여러분이 각자의 자리에서 예수님이라면 어떻게 하셨을까를 생각하고, 예수님처럼 섬김의 삶을 살아갔으면 합니다. 우리의 삶이 전도가 되어야 합니다.

로빈슨, 유영자 선교사님 그리고 인도 영혼들을 위해 기도해 주십시오. 나환자촌 9명 학생들의 꿈과 이번 선교여행을 통해 갖게 된 우리 28명 대원들의 꿈을 위해 기도해 주십시오. 꿈은 이루어집니다. 하나님 나라는 이루어집니다.

함께 해주신 하나님께 모든 영광을 올립니다.
많이 보고 싶었습니다.

읽으면 행복해지는 책

김홍신_작가 "우리시대의 깃대종"

시대의 아픔을 걱정하고 스스로의 혼을 조신하게 닦으며 이웃을 눈여겨 지극히 살피는 지성인이 그리운 시절에 김양홍 변호사는 뚜벅뚜벅 바른 걸음으로 우리시대의 깃대종이 되었습니다. 김양홍 변호사는 천명을 곱게 받드는 넉넉한 품격이 있습니다. 대한민국을 감동케하려는 어짐이 있습니다. 그는 우리 시대를 조명하려는 참 선비입니다.

조국_서울대 법학전문대학원 교수 "글은 사람을 닮는다"

글은 사람을 닮는다 했다. 언제나 주변 사람들을 따뜻한 마음으로 대하고 배려와 공감으로 소통하는 김양홍 변호사의 뜻과 삶을 이 작은 책자를 통하여 엿볼 수 있다. 디들 경험해 보았을 일상의 소소한 사건, 사람과 사회에 대한 김변호사의 성찰에 기초한 미셀러니를 읽으면서 내 자신을 돌아보게 된다.

나주옥_김양홍의 아내 "더 행복해지시고 주님께 가까이 다가서기를"

이번 3번째로 출간하게 되는 책을 읽다보니 마음이 따뜻해지고 감사하는 마음을 갖게 됩니다. 또한 매 글마다 마지막에 있는 성경 말씀을 통해 더 그 글의 지혜를 성경적으로 바라보게 됩니다. 이 책을 통해 많은 분들이 삶이 더 행복해지시고 주님께 가까이 다가서는 시간이 되실 거라고 믿습니다.

김은혜_김양홍의 딸 "어머니의 자장가와 따뜻한 베개 같은 책"

잠시 나라는 공간 속에서 편히 잠들고 싶을 때 이 책을 읽으면 글귀 하나하나가 어머니의 자장가처럼 독자 여러분들에게 따뜻한 베개가 되어 드릴 것입니다.

김은철_김양홍의 아들 "생생한 삶의 향기"

힘들어하신 적은 있어도 절망하지 않으시는 아버지가 쓰신 책입니다. 항상 긍정을 말하시고, 언제나 주변 사람들을 축복하시는 당신의 인생과 삶에 대한 성찰을 담은 책! 이 책에 담긴 생생한 삶의 향기를 느끼시기 바랍니다.

책 구입처 : 교보문고, 영풍문고, 반디앤루니스, 알라딘, YES24, 생명의말씀사 직영서점

변호사 김양홍 Profile

광주제일고등학교 졸업
전남대학교 법과대학 졸업
제10회 군법무관임용시험 합격
사법연수원 수료
수도방위사령부 검찰부장
제3사단 법무참모
제3군단 보통군사법원 군판사
국방부 법무관리관실 군사법담당
고등군사법원 보통부장
변호사/변리사/세무사/행정사 등록

현재

국방부 중앙군인(군무원)인사소청심사위원회 위원
방위사업청 보통징계위원회 민간위원
대한임상초음파학회 고문변호사
순천향대학교 천안병원 법률고문
사단법인 민주시민정치아카데미 이사
사단법인 다비다자매회 이사
재단법인 금호학원 이사
용산구상공회 수석부회장
공증인가 법무법인 서호 대표변호사

저서

민법판례(개정2판, 유스티니아누스)
법무법인 서호의 국가유공자클리닉(공저, 법률정보센터)
사회복지법령집(퍼시픽북스)
협동조합 사례별 절차실무(공저, 법률정보센터)
주택임대차보호법 해설(공저, 법률정보센터)
변호사 김양홍의 행복한 동행(모리슨)
변호사 김양홍의 행복한 동행2(모리슨)
변호사 김양홍의 행복한 동행3(모리슨)

변호사 김양홍의 행복한 동행 3

2018년 3월 30일 초판 발행
2019년 5월 15일 2쇄 발행
지은이 김양홍
만든이 최순환
만든곳 도서출판 모리슨
등 록 제 22-2116호(1998. 12. 17)
주 소 경기도 여주시 대신면 윤촌2길 29-2
전 화 031-881-4935, 010-2354-4935
E-mail morisoon@hanmail.net
ISBN 979-11-960653-4-8 03230
값 16,000 원